Silke Heimes

Wie schreibe ich spannend?

Silke Heimes

Wie schreibe ich spannend?

Ideen für Autoren, Journalisten & Medienschaffende

Tectum Verlag

Silke Heimes

Wie schreibe ich spannend? Ideen für Autoren, Journalisten & Medienschaffende

© Tectum – ein Verlag in der Nomos Verlagsgesellschaft, Baden-Baden 2018

ISBN: 978-3-8288-4251-9
E-Book: 978-3-8288-7162-5
ePub: 978-3-8288-7163-2

Umschlagabbildung: shutterstock.com © Ellerslie
Druck und Bindung: Docupoint, Barleben
Printed in Germany
Alle Rechte vorbehalten

Besuchen Sie uns im Internet
www.tectum-verlag.de

Bibliografische Informationen der Deutschen Nationalbibliothek
Die Deutsche Nationalbibliothek verzeichnet diese Publikation in der Deutschen Nationalbibliografie; detaillierte bibliografische Angaben sind im Internet über http://dnb.d-nb.de abrufbar.

Inhaltsverzeichnis

I. Einführung 7
1. Worum es geht 7
2. *Die kleine Raupe Nimmersatt*. 12

II. Definitionen 17
1. Was ist Spannung? 17
2. Plotmodelle 23
3. Spannungstypen 26

III. Grundlagen von Spannung 31
1. Motive, Ziele & Bedürfnisse 31
2. Widerstände & antagonistische Kräfte 32
3. Identifikation & Immersion. 33

IV. Spannungselemente. 37
1. Vorausdeutung, Antizipation 37
2. Time ticking & Verzögerung 38
3. Detaildichte & Genauigkeit. 40
4. Irritation & Orientierung 41

V. Grundlagen des Subtextes 43
1. Informationsdosierung 43
2. Ungewissheit & Unwägbarkeiten 44
3. Zwischen den Zeilen (Dialoge) 46

VI. Das Eskalationsmodell **49**

1. Das Modell im Kontext. 49
2. Das Modell im Überblick 51
3. Mikrostruktur (Szenenebene). 55
4. Spannungsmittel (Übersicht) 56

VII. Erzählungen als Beispiele **61**

1. *Sommerhaus, später* (Hermann 1998) 61
2. *Wir fliegen* (Stamm 2008) 70
3. *Ungewollter Schwangerschaftsabbruch* (Gavalda 2002). 79

VIII. Romane als Beispiele **89**

1. *Hagard* (Bärfuss 2017) 89
2. *Du hättest gehen sollen* (Kehlmann 2016) 102
3. *Duell* (Zwagerman 2006). 110

IX. Reportagen als Beispiele **119**

1. *Der letzte Saurier* (Willeke 2011) 119
2. *Der Getriebene* (Faller 2012). 128
3. *Die Liebe seines Lebens* (Gezer 2013). 136

X. Zum Abschluss **145**

1. Schlussfolgerungen aus den Analysen 145
2. Spannung ist konstitutiv 150
3. Exkurs Storytelling 151

XI. Literatur **153**

I. Einführung

1. Worum es geht

Wissen Sie, dass die Gretchenfrage oftmals im falschen Kontext zitiert wird, wie sie auch hier eigentlich nur im weitesten Sinn genannt werden kann? Denn bei der Gretchenfrage geht es genau genommen um den Gottesglauben. „Nun sag, wie hast du's mit der Religion?" lautet die Frage, die Fräulein Margarete im ersten Teil von Goethes *Faust* dem Gelehrten stellt. Zwar versucht er die ihm lästige Frage abzuwehren, indem er auf ein anderes Thema ausweicht, aber das Fräulein lässt nicht locker und fragt noch direkter: „Glaubst du an Gott?" (Goethe 1971, org. 1808).

Der Online-Duden bezeichnet die Gretchenfrage als eine „unangenehme, oft peinliche und zugleich für eine bestimmte Entscheidung wesentliche Frage, [die in einer schwierigen Situation gestellt wird]". Noch verkürzter wird sie als Synonym für eine entscheidende Frage gebraucht oder für *die* entscheidende Frage in einem bestimmten Kontext, meist bezogen auf eine bestimmte Gruppe. Bei der Gretchenfrage in Goethes *Faust I* ist der Kontext der Glaube und die Gruppe besteht aus den Theologen. In diesem Buch ist das entscheidende Thema die Frage nach der Erzeugung von Spannung, der Kontext das Schreiben und die Gruppe beinhaltet Autoren, Journalisten sowie Medienschaffende und alle, die am Schreiben interessiert sind.

Die Gretchenfrage, die eigentlich keine ist, lautet in unserem Kontext: Wie gestaltet man eine Geschichte so spannend, dass man die Rezipienten dazu animiert, sie bis zum Ende zu lesen und sie spannend und unterhaltsam zu finden? Eine Frage, die sich nicht auf das Spannungsgenre (Krimi, Thriller, Abenteuergeschichten) beschränkt, sondern in allen literarischen Genres sowie im Journalismus und im Theater und Kino eine entscheidende Rolle spielt. Denn letztlich geht es in allen Genres und auch in den verschiedenen Medienformaten darum, Neugier und Interesse zu wecken und Spannung zu evozieren, um die Aufmerksamkeit des Lesers respektive Zuschauers zu gewinnen und bis zum Ende zu halten.

Es gibt zahlreiche Möglichkeiten, sich dem Thema der Spannung anzunähern, aber so verschieden die Zugänge auch sein mögen, überlappen sie sich doch, zumal sie sich der Spannung lediglich aus unterschiedlichen Perspektiven nähern, um damit am Ende ein vollständigeres Bild zu vermitteln. Wie man etwa einen Wald mal vom Süden betrachtet, dann vom Norden und Westen und schließlich vom Osten, um festzustellen, dass man im Süden zwar Laub- und im Norden Nadelwald, im Osten vielleicht aber ausschließlich Birken und im Westen möglicherweise Ahorn hat. Aber nur alle Perspektiven zusammen ergeben letztlich ein vollständiges Bild und vielleicht treffen sich die verschiedenen Betrachter ja sogar auf einer Lichtung in der Mitte des Waldes.

Um das Thema Spannung umfassend zu analysieren und zu beschreiben, sind also viele Perspektiven nötig beziehungsweise erforderlich, und um zu erfahren, wie der Wald um die Lichtung herum aussieht, muss man sowohl den Beobachter aus dem Norden als auch den aus dem Süden sowie jene aus dem Westen und Osten befragen, da eine einzige Perspektive nur ein verzerrten Bild ergeben würde. Dabei kann ein Buch immer nur einige Aspekte herausgreifen und muss andere zwangsläufig vernachlässigen, die dann vielleicht von anderen Autoren aufgegriffen werden. Wenn man sich aber lange mit dem Thema beschäftigt, wird zugleich deutlich, dass bestimmte Merkmale von Spannung als Kern in den meisten Untersuchungen und Beschreibungen immer wieder auftauchen.

Bei allen Medienprodukten, ob es sich um Buch, Film, Hörfunk oder ein anderes Medienformat handelt, gibt es, vereinfacht gesagt, eine Produktions- und eine Rezeptionsseite. Allein schon deswegen gibt es mindestens zwei Zugänge, auf deren Basis sich Spannung beschreiben und erklären lässt. Da ist zum einen die Seite der Produktion: Was müssen Medienschaffende, in diesem Fall Autoren und Journalisten, Regisseure und Dramaturgen, beachten, um Spannung zu evozieren? Wie müssen sie schreiben respektive filmen oder Geschichten auf die Bühne bringen, um den Rezipienten zu fesseln und zum Weiterlesen oder Weiterschauen zu bewegen? Zum anderen ist da die Seite der Rezeption, bei der man wiederum mindestens zweigleisig vorgehen kann, da man erstens Texte analysieren und auf Kriterien von Spannung hin untersuchen und sich zweitens den Rezeptionsprozess ansehen kann, indem man beispielsweise Leser und Zuschauer danach befragt, was sie als spannend empfinden.

Allerdings sind die Produktions- und die Rezeptionsebene untrennbar miteinander verbunden. Natürlich fragt sich ein Autor, Journalist oder Produzent im Prozess des Schaffens nicht dauernd, wie er schreiben oder Regie führen muss, um einen Text respektive Film für den Leser oder Zuschauer spannend zu machen, doch wenn er für ein Publikum produziert, wird er langfristig nur Erfolg haben, wenn er das Element der Spannung ausreichend berücksichtigt und seine Geschichten bereits im Voraus so konzipiert, dass sie einen Aufbau haben, der Spannung begünstigt. Das gehört gewissermaßen zu dem Pakt, den Leser und Autor respektive Regisseur und Zuschauer eingehen, denn wie Junkerjürgen (2002: 31) schreibt, ist Spannung ein Kommunikationsprozess, dessen Gelingen unter anderem vom Rezipienten abhängt. Deswegen ist auch jeder Produzent von Geschichten gut beraten, fremde Werke sowohl in Hinblick auf den Plot als auch hinsichtlich der Spannungselemente zu analysieren und seine Geschichten so zu konzipieren, dass sie die Spannung und damit die Aufmerksamkeit des Rezipienten erhalten. Um diesen Prozess zu unterstützen, gebe ich in diesem Buch einen Überblick über die Grundlagen von Spannung und die Mittel der Spannungserzeugung und erstelle ein Modell, das die Anwendung dieser Mittel berücksichtigt und anhand von Textanalysen überprüft. Dabei wurden bewusst Texte gewählt, da sie die Ausgangsbasis aller Geschichten bilden und sowohl Filme als auch Theaterstücke ebenfalls auf textueller Grundlage beruhen, auch wenn sie über weitere Mittel zur Spannungserzeugung verfügen, die dem Text nicht in gleicher Weise zur Verfügung stehen (Bild und Ton).

Für die Analyse wurden Texte ausgewählt, die nicht primär dem Spannungsgenre zugeordnet werden können, weil bei diesen ohnehin davon auszugehen ist, dass sie die Mittel der Spannungserzeugung beherrschen und einsetzen. Es soll aber gezeigt werden, dass alle, die schreiben, sich damit auseinandersetzen müssen, wie man so schreiben kann, dass man die Leser zum Weiterlesen verleitet. Wie diese Frage sich also genreübergreifend innerhalb der Belletristik stellt, stellt sie sich ebenso disziplinübergreifend, denn auch journalistische Texte müssen so konzipiert und geschrieben sein, dass sie die Aufmerksamkeit des Lesers aufrechterhalten und seine Neugier durch Spannung entfachen. Die Frage, wie man spannend schreibt, hat also primär nichts damit zu tun, ob man sich im Bereich Fiction oder Non-Fiction bewegt.

Für den ersten Teil des Buches, in dem Grundlagen und Kriterien von Spannung beleuchtet werden (II–V), wurden Quellen aus unterschiedlichen Bereichen gewählt, so dass sowohl Autoren zu Wort kommen (z. B. Truffaut, Hitchcock und Highsmith) als auch Medienwissenschaftler und Germanisten, die Filme und Texte auf ihre Spannung hin untersucht haben, sowie Psychologen und Sozialwissenschaftler, die sich mit dem Phänomen der Spannung auf psychologischer Ebene beschäftigen.

Im zweiten Teil des Buches (VI) wird ein eigenes Spannungsmodell präsentiert, das Eskalationsmodell, das in Übereinstimmung mit Hitchcock davon ausgeht, dass man Spannung nicht abfallen lassen darf (wie das etwa im aristotelischen Modell dargestellt ist), sofern man den Zuschauer respektive Leser nicht langweilen, sondern zum Weiterlesen beziehungsweise Weiterschauen animieren will. Deswegen ist die Beschäftigung damit, wie man Spannung aufbauen, halten, steigern, erneut halten und steigern kann, zentral für die Frage, wie man die Aufmerksamkeit des Zuschauers oder Lesers aufrechterhalten kann, um ihn auf diese Weise gut zu unterhalten.

Im dritten Teil des Buches (VII–IX) werden schließlich Texte von Romanautoren und Autoren von Erzählungen sowie journalistische Reportagen hinsichtlich ihres Spannungsaufbaus und dem Einsatz ihrer Spannungsmittel untersucht und in Hinblick auf das Eskalationsmodell analysiert. Dabei wurden, wie bereits erwähnt, bewusst Texte ausgewählt, die primär nicht dem Spannungsgenre zuzuordnen sind, sondern belletristische und journalistische Texte, die in ihrem Aufbau ebenso auf Spannung angewiesen sind wie die Texte im klassischen Spannungsgenre, sofern man Spannung im erweiterten Sinn als Mittel versteht, den Leser zu fesseln und seine Neugier und Aufmerksamkeit zu erhalten.

Viele Themen überschneiden sich und lassen sich sowohl dem einen als auch dem anderen Stichpunkt zuordnen und es ist unvermeidbar, dass ähnliche Stichworte in den verschiedenen Kapiteln auftauchen und unter einem leicht verschobenen Gesichtspunkt noch einmal betrachtet werden. Allerdings wurde auf explizite Querverweise verzichtet, da dies den Lesefluss in der Regel stark einschränkt, was die Spannung in diesem Buch über spannendes Schreiben unweigerlich zum Abfallen gebracht hätte, sofern man bei einem Sachbuch überhaupt von Spannung sprechen kann.

Klar ist also, was bereits benannt wurde, dass nicht alle Aspekte von Spannung erfasst, analysiert und besprochen werden können, sondern immer nur einzelne Elemente. Dennoch ist die übergreifende Frage, die sich unabhängig vom jeweiligen Ansatz stellt: Wie, warum und mit welchen Mitteln schafft ein Text respektive sein Autor oder Produzent es, eine Wirkung zu erzeugen, die als Spannung wahrgenommen wird? Gefragt wird in erster Linie nach einem Konzept, das Spannung auch auf solche Phänomene anzuwenden vermag, die zunächst scheinbar nichts mit dem Begriff gemein haben, wie er im klassischen Spannungsgenre benutzt wird (Wuss 1996: 51). Schärf (2013: 18) etwa beschreibt das so: „[D]a es sich bei der Spannung um einen genuin rezeptiven Affekt handelt, trifft man damit einen zentralen Punkt im Verhältnis von Lesererwartung und Autorstrategie." Dies betont noch einmal den Pakt, den Autor und Leser unausgesprochen eingehen.

Es wurde auf die Anpassung der Sprache in Hinblick auf eine gendergerechte Sprache verzichtet, da der Text dadurch schwerer lesbar und der Lesefluss gestört werden würde, wodurch das Momentum, das den Leser am Lesen hält, geringer werden würde. Dies sagt weder ex- noch implizit etwas über die Haltung der Autorin aus, außer dass sie pragmatisch ist und das Lesevergnügen für sie im Vordergrund steht. Natürlich sind alle Geschlechter gemeint, was eigentlich selbstverständlich ist, ich aber dennoch erwähne, da ich keine/n meiner Leser*innen vor den Kopf stoßen möchte.

Immer wenn von Text die Rede ist, sind damit prinzipiell verschiedene narrative Formate und Medien gemeint, wie etwa das Buch, die Erzählung, die Reportage, der Film oder das Theaterstück, die prinzipiell alle auf einer textuellen Grundlage basieren und damit den narrativen Gesetzen folgen. Auch die Begriffe Leser und Zuschauer sowie der umfassendere Begriff des Rezipienten werden in den meisten Fällen flexibel und austauschbar verwendet und sofern an manchen Stellen nur vom Autor oder Leser die Rede sein sollte, lassen sich die erwähnten Sachverhalte in der Regel ebenso auf den Regisseur und Dramaturg sowie auf die Zuschauer anwenden.

2. *Die kleine Raupe Nimmersatt*

Kennen Sie *Die kleine Raupe Nimmersatt* von Eric Carle? Es handelt sich um ein Kinderbuch mit wunderschönen Illustrationen und den Papplöchern, die es schon damals zu einem interaktiven Buch gemacht haben, ohne dass man es so benannt hätte. Es erschien 1969 zum ersten Mal in den USA, wurde später in siebenundvierzig Sprachen übersetzt und weltweit über neunundzwanzig Millionen Mal verkauft (Kuhn 2009). Damit gehört *Die kleine Raupe Nimmersatt* zu den beliebtesten Kinderbüchern und ist ein echter Best- und Longseller.

Es stellt sich die Frage, warum dieses Buch seit über vierzig Jahren in so vielen verschiedenen Ländern und Kulturen derart erfolgreich ist. Neben der Tatsache, dass es sich um ein Buch über das Großwerden handelt und eine Entwicklung sowie Transformation beinhaltet, finden sich in ihm viele Mittel, die auch in unserem Buch eine Rolle spielen werden und die maßgeblich zum Aufbau von Spannung und zu ihrer Aufrechterhaltung sowie Steigerung beitragen und die an dieser Stelle nur kursorisch angerissen werden sollen, da sie im Verlauf des Buches ausführlich behandelt werden. Dass dem Buch von einigen Kritikern ein starker moralischer Impetus vorgeworfen wird, soll an dieser Stelle außer Acht gelassen werden, da diese Art der Interpretation und Diskussion für unsere Zwecke keine Rolle spielt.

Die Geschichte selbst ist schnell erzählt: „Nachts, im Mondschein, lag auf einem Blatt ein kleines Ei [...]" (Carle 2007: 4) Aus dem Ei schlüpft eine Raupe, die sehr hungrig ist. Am ersten Tag, einem Montag, frisst sie sich durch einen Apfel, ist aber nicht satt. Am Dienstag frisst sie sich durch zwei Birnen, ist aber erneut nicht satt. Und so geht es Tag für Tag weiter, bis sie sich am Samstag, noch immer nicht satt, durch einen Schokoladenkuchen, eine Eiswaffel, eine saure Gurke, einen Lutscher und vieles mehr frisst. Danach ist sie so satt, dass sie Bauchschmerzen hat. Am Sonntag frisst sie nur ein grünes Blatt und baut sich einen Kokon, aus dem sie zwei Wochen später als wunderschöner Schmetterling schlüpft.

Was sind, neben dieser Geschichte, die an sich schon einen großen Reiz hat, die Merkmale des Buches? Und was lässt sich in Hinblick auf Spannung daraus lernen? Welche Mittel werden eingesetzt, um die Spannung zu erzeugen, aufrechtzuerhalten und zu steigern? Welche Motive, Ziele und Bedürfnisse hat der Protagonist, in diesem Fall die Raupe? Und was sind die Widerstände respektive antagonistischen Kräfte? Welche Fragen werden zu welchem Zeitpunkt aufgeworfen und wann beantwortet?

Bedenkt man zudem, dass es sich in erster Linie um ein Kinderbuch handelt, stellt sich weiterhin die Frage, welchen Pakt der Autor, Eric Carle, mit den Kindern eingeht und welche Identifikationsmöglichkeiten er ihnen anbietet. Was wird vorausgedeutet, um die Neugier zu wecken? Wie ist das Erzähltempo? Wo gibt es sich wiederholende Schemata und Muster und wo werden diese gebrochen? Welche Umbrüche, Wendungen und Überraschungen erzeugen Spannung?

Das vordergründige Ziel beziehungsweise Bedürfnis der Raupe ist einfach: Sie hat Hunger. Und weil sie ihren Hunger stillen will, frisst sie. Und weil sie nicht satt wird, frisst sie immer weiter. Das ist schon mal eine wunderbare Identifikationsmöglichkeit für Kinder. Auch Kinder sind oft hungrig und zuweilen unersättlich. Und das in mehrfacher Hinsicht. Weil sie im Wachstum sind und meist hochaktiv, brauchen sie viel Energie. Und auch was die Welt angeht, sind sie unersättlich, wollen alles wissen und kennenlernen, sich die Welt aneignen, die Dinge verstehen und ihnen auf den Grund gehen. Und da auch Kinder zuweilen gerne Nahrungsmittel in sich ‚hineinstopfen' und von den Erwachsenen dabei oftmals gebremst werden, wird die Lektüre zu etwas Lustvollem, weil die Raupe etwas macht, das den Kindern in der Regel verboten ist.

Kinder können die vordergründigen Motive der Raupe also gut nachvollziehen. Und auch die auf einer tieferen Ebene angesprochenen Themen, wie der Drang nach Entwicklung, Lebenshunger und die unersättliche Neugier, sind ihnen nah, auch wenn sie das in dieser Weise wahrscheinlich nicht benennen könnten.

Als Hindernis könnte angesehen werden, dass die kleine Raupe zunächst nichts findet, was ihren Hunger stillt. Die Wochentage verstreichen und die Raupe bleibt hungrig. Sie sucht und frisst immer weiter und es stellt sich die Frage, woher dieser unsägliche Hunger kommt und wie er zu stillen ist. Auf was verweist der Hunger? An diesem Punkt kommt das Spannungselement der Antizipation ins Spiel: Relativ schnell wird klar, dass es sich nicht um einen rein körperlichen Hunger handelt, der ergo auch nicht durch Essen gestillt werden kann. Diese Vorahnung des Lesers beziehungsweise Vorausdeutung des Autors, die bis zum Bau des Kokons aufrechterhalten wird, erzeugt Spannung, indem sie wichtige Fragen aufwirft, die Kinder vielleicht nicht explizit stellen, implizit aber ebenfalls erahnen können.

Der Pakt, den Carle mit seinen kleinen wie großen Lesern eingeht, ist folgender: Er verspricht ihnen, dass die Geschichte ein gutes Ende nehmen wird. Das macht er allerdings nicht offen, sondern indirekt, indem er der Raupe alles erlaubt, was für ihre Transformation notwendig ist. Er lässt zu, dass sie sich hemmungslos durch alles Leckere und mitunter Verbotene frisst und gibt ihr die Zeit, die sie auf ihrem Weg zur Verwandlung braucht. Die von einigen Autoren als negativ bewertete Moral „Friss nicht so viel, sei auch mal zufrieden, sonst geht es dir schlecht" (Rupprecht 2010) lässt sich in diesem Zusammenhang nur schwer nachvollziehen, zumal der Autor keinen moralisierenden Zeigefinger hebt, sondern die Raupe vielmehr mit einem liebevollen Blick auf ihrem Weg begleitet.

Neben der Identifikation mit dem unersättlichen Hunger der Raupe und ihrem Drang, sich zu entwickeln, werden weitere Themen behandelt, die im Kindesalter relevant sind, wie etwa die Wochentage, Farben und Früchte, die eine weitere Identifikationsmöglichkeit bieten. Und auch die Gestaltung des Buches, die zum Mitmachen auffordert und ein haptisches Erlebnis bietet, ermöglicht ein Eintauchen in die Welt der Raupe und des Buches, eine Art Immersion, von der zu Carles Zeiten wohl noch nicht die Rede gewesen sein dürfte.

Sehen wir uns ein weiteres wichtiges Element der Spannung an: die Balance zwischen Orientierung und Irritation. Zu viel Irritation wirft den Leser aus der Geschichte, zu viel Orientierung kann hingegen dazu führen, dass dem Leser langweilig wird. Und auch hier bietet das Buch eine gute Mischung. Der Aufbau der Geschichte anhand der Wochentage ist den meisten Kindern vertraut und sorgt damit für eine gute Orientierung. Und auch das Prinzip, dass die gefressenen Nahrungsmittel mit jedem Tag zunehmen, erschließt sich schnell (*am Montag ein Apfel, am Dienstag zwei Birnen etc.*).

Dass sich die kleine Raupe an jedem Wochentag durch etwas anderes frisst, bekommt etwas Erwartbares und hat damit einen hohen Wiedererkennungswert. Irritation und Spannung entstehen dann durch die überraschende Abweichung von diesem Muster. Am Samstag frisst die Raupe nicht ein bestimmtes Lebensmittel wie an den Tagen zuvor, sondern einfach alles! Für Kinder ist diese Art der Irritation allerdings gut auszuhalten, weil sehr schnell das Happy End folgt, die Transformation der Raupe zum Schmetterling.

Durch die genannten Aspekte haben wir es bei dem Buch *Die kleine Raupe Nimmersatt* fast schon mit einem Prototyp des Eskalationsmodells zu tun, das in Kapitel VI genauer dargestellt werden wird. Jeden Tag frisst die Raupe mehr und mehr. Sie steigt die Stufen der Spannungsleiter empor und der Leser ahnt, dass es so nicht ewig weitergehen kann. Etwas muss passieren. Etwas muss sich verändern. Eine Vorausdeutung, die vom Autor am Ende eingelöst wird. Auf der Stufe der höchsten Spannung kommt es zur Transformation, aus der knallgrünen Raupe wird ein wunderschöner Schmetterling.

Das Buch und die in ihm erzählte Geschichte ist ebenfalls ein schönes Beispiel dafür, wie entscheidend das ist, was nicht erzählt wird, sondern nur zwischen den Zeilen anklingt und dadurch im Kopf des Lesers angeregt wird (der Subtext). Vordergründig geht es um körperlichen Hunger und wie dieser gestillt werden kann, im Subtext hingegen geht es um Wachstum, Weiterentwicklung und Transformation. Und weil der Leser das schon früh ahnt, liest er gespannt weiter, weil diese Themen alle Menschen zu jeder Zeit in allen Kulturen betreffen – und Kinder eben ganz besonders.

II. Definitionen

1. Was ist Spannung?

Wie in der Einführung angedeutet, gibt es einen werkorientierten und einen psychologischen Begriff von Spannung. Der erste Begriff bezieht sich auf spezifische Erzählverfahren und der zweite auf die Psychologie des Rezipienten. Es stehen sich also die Produktions- und die Rezeptionsseite gegenüber. Da dieses Buch in erster Linie die Produktionsseite fokussiert, zumal die Textanalyse diesen Zugang nahelegt, beziehen sich die aufgegriffenen Definitionen vor allem auf diese Seite, wobei psychologische Aspekte zwar benannt, aber nicht in der Tiefe dargestellt werden. Im Folgenden werden die Begriffe *suspense*, *surprise*, *thrill*, *tension* und *mystery* definiert.

Gemäß Dolle-Weinkauff (1994: 115) wurde der Begriff der Spannung zuerst von Friedrich Theodor Vischer verwendet und vor allem mit dem Drama in Verbindung gebracht. Staiger (1946: 161) etwa sah den dramatischen Verlauf eines Geschehens als ausschlaggebend für die Spannung an und die Informationslücke, die durch ein Frage-Antwort-Spiel entsteht, als zentral für die Spannungserzeugung. Und auch Pütz (1970) hält die partielle Informiertheit des Rezipienten für entscheidend für den Aufbau von Spannung, wobei er einräumt, dass auch Werke, deren Enden bekannt sind, Spannung erzeugen können, was unter anderem mit der stufenweisen Entwicklung einer Geschichte zusammenhängt.

Für Brewer und Lichtenstein (1982) bildet Spannung, neben Neugier und Überraschung, das Fundament unterhaltsamer Geschichten. Und auch Pütz (1970: 10) und Kassler (1996: 2) verstehen Spannung als ein allgemeines literarisches Phänomen, das weder an ein Genre noch an eine

Gattung gebunden ist. Spannung meint zunächst also nur die Dramatisierung von Erzählmaterial, die intensivste mögliche Darstellung einer Situation (Truffaut 2003: 11–12).

In den Definitionen, die sich auf Erzählwerke beziehen, spielen Antizipation und Ungewissheit eine große Rolle beim Aufbau von Spannung. Korrodi (1939: 16) etwa sieht in der Spannung einen Zustand zwischen Erfüllung und Nichterfüllung, zwischen Hoffen und Bangen und nennt die Vorausdeutung als konstitutiv für die Spannungserzeugung. Und Duckworth (1966) versteht Spannung als ein Schwanken zwischen Hoffnung und Angst – ein Zustand, der sich allerdings nur erzeugen lässt, wenn die Zuschauer bereit sind, sich auf die Folter spannen zu lassen und diese auch noch genießen (Schärf 2013: 123).

Eine andere Sicht auf den Begriff hat Anz (2002: 150–151), der unter Spannung das Spiel mit Hoffnung und Furcht versteht, das vom Wechsel zwischen Unglück und Glück lebt. Spannungsvolle Literatur und die Lust an der Spannung basieren laut Anz auf den Erfahrungen der realen Lebenswelt, wie etwa der Erwartung bedeutsamer Ereignisse, von Krisen- und Konfliktsituationen, von der Konfrontation mit Unbekanntem oder von der aufgeschobenen Befriedigung elementarer Bedürfnisse. Hervorzuheben ist insbesondere der Aspekt, dass eine Aufschiebung von Bedürfnissen zu einer halb lust-, halb qualvollen Spannung führt. Aber auch Anz betont, dass die Konfrontation mit dem Schrecklichen für Spannung keineswegs konstitutiv ist, und zitiert Thomas Mann, der anmerkt, dass die Kunst des spannenden Erzählens in erster Linie darin besteht, zu unterhalten. Kaum ein literarischer Text komme ohne Spannung aus, auch wenn sich das nicht in der Hierarchie literaturwissenschaftlicher Interessen widerspiegle. Dabei verweist Anz auf den Ursprung des Begriffs, der sich vom Verb *spannen* ableitet, das ursprünglich so viel bedeutete wie ‚dehnen, straff anziehen, ziehend befestigen', was darauf verweist, dass ein spannender Text einer ist, der die Aufmerksamkeit des Rezipienten fest an sich zieht (ebd.: 151–153).

Gemäß Schärf (2013: 10) haben wir es bei der Spannung mit einem Phänomen zu tun, das zwischen dem Akt der Herstellung und seiner Wahrnehmung bei den Lesern liegt und mithin keine empirisch zu bestimmende Basis aufweist, was bedeutet, dass Spannung weder allein vom

Text her zu bestimmen ist noch von den intellektuellen oder emotionalen Effekten beim Leser. Ohne eine genauere Verortung vorzunehmen, geht er davon aus, dass Spannung sich aus einem Zustand zwischen zwei Extremen ergibt, wobei Spannung maßgeblich dadurch entsteht, dass es nichts Drittes gibt, also keinen Kompromiss und damit keine Ausweichmöglichkeit (ebd.: 13).

Der Begriff der Spannung im Sinne von *suspense* wird von Vorderer, Wulff und Friedrichsen (1996: VII) als eines der Hauptkriterien von Mediennutzern bei der Auswahl und Bewertung von Medienangeboten bezeichnet, und Mullet und Kollegen (1994) sehen Spannung als Ware, die ebenso gezielt verkauft wird wie andere Produkte. Und es gibt ihn tatsächlich, den von Mullet beschriebenen Spannungsmarkt: Bereits 2004 widmete sich jede fünfte fiktionale Sendeminute im Fernsehen dem Krimi; die tägliche Ausstrahlungsdauer lag bei neunzehn Stunden (Zubayr und Geese 2005). Laut *Statista* (2017) waren Krimiserien und Kriminalfilme nach den Nachrichten das zweitbeliebteste Fernsehformat der Deutschen und in den Buchhandlungen werden mittlerweile Regale mit dem Begriff *Spannung* etikettiert.

Collins English Dictionary (2003) bietet insgesamt drei Definitionen für den Begriff *suspense*. In der ersten Definition steht *suspense* für die Auffassung dessen, was passieren wird. Die zweite beschreibt *suspense* als unsicheren kognitiven Zustand und die dritte versteht darunter eine aufgeregte Erwartungshaltung bezüglich eines bevorstehenden Höhepunkts. Und obwohl Truffaut (2003: 11) *suspense* für unübersetzbar hält, wird in vorliegendem Buch der Begriff der Spannung dafür eingesetzt, der in einer erweiterten Bedeutung die Begriffe *surprise, thrill* und *tension* umfasst.

Eine weitere Meisterin der Spannung, Patricia Highsmith, leitet ihre Definition ganz pragmatisch vom Markt ab und definiert *suspense* folgendermaßen: „Ich werde in diesem Buch das Wort Suspense so benutzen, wie es in Amerika im Verlagswesen benutzt wird: Suspense-Storys sind Geschichten, in denen Gewalt und Gefahr drohen oder tatsächlich vorkommen" (Highsmith 2013: 13). Zugleich erweitert sie ihre eigene Definition kurz darauf, indem sie auch Dostojewskis Werken Spannungscharakter zugesteht und als weiteres Kriterium von *suspense storys* ihren Unterhaltungswert benennt.

Eine andere Definition, die in unserem Zusammenhang hilfreich scheint, stammt von Carroll (1996: 74), die ähnlich wie Hitchcock den Rezipienten in den Mittelpunkt stellt: „Suspense, as I am using the term, is an emotional response to narrative fiction." Dies erscheint insofern relevant, als dass letztlich nicht der Autor entscheidet, was spannend ist, weil er es vielleicht spannend machen wollte, sondern dass sich die Spannung in erster Linie durch die emotionale Reaktion des Lesers definiert. Dies betont die Bedeutung von Emotionen bei der Erzeugung von Spannung und dass Spannung eben nicht nur aufgrund eines intellektuellen Spiels entsteht.

Zum Begriff der Überraschung *(surprise)* sei zunächst auf das legendär gewordene Interview von Truffaut mit Alfred Hitchcock aus dem Jahr 2003 verwiesen, in dem Hitchcock immer wieder den zentralen Unterschied zwischen *suspense* und *surprise* betont. Während die Überraschung *(surprise)* ein momenthaftes Geschehen sei, verlaufe die Spannung *(suspense)* über einen längeren Zeitraum. Das Moment der Überraschung arbeite vorwiegend damit, den Rezipienten zunächst im Unklaren zu lassen, um ihn dann zu überraschen, die Spannung hingegen möchte den Rezipienten einweihen, um ihm eine Identifikation und dadurch eine Teilnahme am Geschehen zu ermöglichen (Truffaut 2003: 62, 64). Auch Highsmith (2013: 74) setzt eher auf *suspense* als auf *surprise*, wobei sie Letzteres als einen billigen Trick bezeichnet, den Leser zu erschrecken.

Spannung im Sinne von *thrill* wird von Mikos (1996: 38) beispielsweise als Erfahrungsmodus beschrieben, der aus einer bewussten Angst oder realen äußeren Gefahr besteht und der freiwilligen Exposition dieser Gefahr gegenüber, einschließlich der daraus resultierenden Angst sowie der Hoffnung, dass die Gefahr vorübergeht und die Angst bewältigt werden kann. Dabei habe es etwas Lustvolles, sich der Gefahr und der damit einhergehenden Angst auszusetzen, zumal der Rezipient diese in sicherer Distanz genießen könne. *Thrill* könnte also als eine Art Angstlust beschrieben werden, bei der zwei eng beieinanderliegende, konträre Gefühle Spannung erzeugen.

Anz (2002: 147) schließt sich dieser Idee weitgehend an und definiert *thrill* als einen Zustand, bei dem man sich einer Gefahr willentlich und absichtlich aussetzt, wobei man eine bewusst erlebte Angst erfahre und zugleich darauf vertraue, dass man bald wieder unverletzt zur sicheren Geborgenheit zurückkehren könne: „Diese Mischung von Furcht, Wonne und zuversichtlicher Hoffnung angesichts einer äußeren Gefahr ist das Grundelement aller Angstlust *(thrill)*".

Entsprechend dieser Definitionen kommt es beim *thrill* also zu zwei Spannungstypen: der Lust- und der Angstspannung. Und mit diesen ist wohlgemerkt nicht nur die Gefahr und Angst in den klassischen und für Spannung prädestinierten Genres wie Krimi, Thriller oder Horror gemeint, sondern alle Gefahrenfelder (Verlust, Abschied, Schmerz etc.), die sich in allen Genres eröffnen können. Alle Situationen, die angstauslösendes Potential besitzen und zum Bangen sowie Hoffen führen, können sowohl Lust- als auch Angstspannung erzeugen. Genau genommen lässt sich sagen, dass sich Spannung und die damit verbundene Lust- und Angsterfahrung immer dann evozieren lässt, wenn für die Protagonisten, und damit auch für die Leser, etwas auf dem Spiel steht.

Der vierte Begriff, der im Zusammenhang mit dem Begriff der Spannung im Sinne von *suspense* immer wieder auftaucht, ist der Begriff *tension*. Wuss (1996: 51) beschreibt *tension* als innere Spannung und betont dabei die psychologische Komponente, die in den Genres, die nicht unmittelbar auf Spannung aus sind, eine vorherrschende Rolle einnehme. *Tension*, so Wuss, erfordert das wahrscheinliche Auftreten eines relevanten, meist bedrohlichen Ereignisses innerhalb eines unwägbaren Geschehens sowie die Möglichkeit der Protagonisten, das Geschehen aktiv zu beeinflussen (ebd.: 52). Spannung im Sinne von *tension* kann demnach über Kontrolle oder Verlust von Kontrolle evoziert werden, wobei der Kontrollverlust zu einer Zunahme negativer Gefühle wie Angst und Verzweiflung und damit zu einem Spannungsanstieg führt.

Deutlich wird, dass sich die Begriffe *suspense, surprise, thrill* und *tension* nicht trennscharf definieren lassen. Im Folgenden wird von einem genreübergreifenden Spannungsbegriff im Sinne von *suspense* ausgegangen, der Hitchcocks äußere Spannung ebenso umfasst wie die von Wuss (1996: 52) beschriebene innere Spannung. Damit wird der Spannungsbegriff ähnlich wie bei Schärf (2013: 12) definiert, der etwas als spannend beschreibt, das dramatisiert wird, das im Raum steht und seiner Auflösung harrt.

Wie unterschiedlich der Begriff der Spannung verwendet wird, zeigt eine Auflistung Junkerjürgens (2002: 25–26), der sich, sowohl auf Produktions- als auch Rezeptionsebene, eingehend mit dem Begriff der Spannung in erzählenden Texten auseinandergesetzt hat: „Resümiert man diesen Überblick [den der Autor zuvor detailliert gegeben hat], so wurde Spannung als Leserreaktion beschrieben, als Ungeduld, Neugierde, Interesse, Engagement, elementares Gebanntsein, Fortgerissen-Werden, Überraschung, Angst, Hoffnung, Katharsis der Emotionen, Warten, Schock und Erwartung." Auf der Textebene definiert er Spannung vor allem als Informationslücke, als Bedrohung oder Gefahr und die Arbeit mit Gegensätzen.

Obwohl die Definitionen sehr heterogen sind, lässt sich festhalten, dass die meisten Stilmittel zur Erzeugung von Spannung miteinander verschränkt und in ihrer Wirkung additiv sind. Festhalten lässt sich außerdem, dass Spannung ein Phänomen ist, dass die Aufmerksamkeit des Rezipienten über einen längeren Zeitraum hinweg zu halten vermag (Doust 2015: 3). Röntgen (2016: 8) erklärt das ganz pragmatisch: „Spannung ist, wenn der Leser einen Text nicht mehr weglegen kann. Weil er weiterlesen MUSS."

Erwähnt sei an dieser Stelle noch der Begriff *mystery*, der sich von der Gattungsbezeichnung *mystery story* ableitet und eng an die Verbrechensthematik gebunden ist. Während Empathie und Identifikation bei der Spannung im Sinne von *suspense* eine entscheidende Rolle spiele, so Junkerjürgen (2002: 66–68), sei dies bei *mystery* nicht erforderlich, weil sich der Leser hier nicht mit einer Person identifiziere, sondern die Aufklärung eines Falles in den Mittelpunkt rücke, weswegen dem Begriff *mystery* in diesem Buch auch keine tragende Rolle zugesprochen wird.

2. Plotmodelle

Eines der ersten Modelle für den Plot einer Geschichte erstellte Aristoteles bereits 330 v. Chr. Dabei bezog sich der aristotelische Begriff der Handlung in erster Linie auf die Struktur der Ereignisse einer Geschichte und war ein wesentlicher Bestandteil der Tragödie. Gemäß Aristoteles musste es bei einer guten und komplexen Handlung zur Umkehr einer anfänglich etablierten Situation kommen, das heißt, es musste eine Veränderung von gut zu schlecht oder umgekehrt stattfinden und damit einhergehend ein Wechsel von der Unwissenheit zur Gewissheit. Außerdem, so Aristoteles (1982), musste die Handlung einer Geschichte einen Anfang, eine Mitte und ein Ende haben.

Diese klassische, aristotelische Drei-Akt-Struktur beinhaltet im ersten Akt die Exposition, bei der die Charaktere sowie die Situation und der beginnende Konflikt beschrieben werden. Im zweiten Akt spitzt sich der Konflikt zu und es kommt zu einer Konfrontation von Gut und Böse. Es treten Komplikationen auf und dem Helden werden Hindernisse bei der Erreichung seines Ziels in den Weg gelegt. Im dritten Akt kommt es schließlich zur Auflösung des Konflikts und die Geschichte wird zu einem Ende gebracht.

Zweitausend Jahre später wurde das aristotelische Modell von Freytag (1863) ausgearbeitet und verfeinert. Bei ihm enthält ein dramatisches Werk nicht mehr nur drei, sondern fünf Akte: Exposition, Konflikt mit Spannungsanstieg, Höhepunkt, Spannungsabfall, Auflösung. Auch bei ihm werden in der Exposition die Charaktere sowie die Situation beschrieben und es tritt ein Ereignis ein, das als Initialzündung für den sich entwickelnden Konflikt fungiert. Dieser Konflikt spitzt sich zu und erreicht einen Höhepunkt, der durch ein unumkehrbares Ereignis gekennzeichnet ist, später mitunter auch als *One-Way Gate* bezeichnet. Nach dem Höhepunkt folgt ein Spannungsabfall und daraufhin die Auflösung.

Im 19. Jahrhundert untersuchte dann Vladimir Propp russische Zaubermärchen in Hinblick auf die gattungstypischen Einheiten ihrer Handlung und die Regeln ihrer Zusammenstellung. Die Kernthese seines Werkes *Morphologie des Märchens (1928)* ist, dass es in den Märchen einunddreißig *Funktionen* gibt, die in immer gleicher Folge ablaufen, wobei er unter *Funktion* die *Aktion einer handelnden Person versteht und diese wiederum unter den Aspekt ihrer Bedeutung für den Handlungsablauf stellt (z.* B. Kampf gegen das Böse, Rettung des Helden).

1949 erstellte Campbell das Konzept der Heldenreise, das an die Vorarbeiten von Propp anschloss und durch Vogler (1997) als Modell für das Drehbuchschreiben bekannt wurde. Für sein Konzept trug er Märchen aus aller Welt zusammen und kristallisierte deren Essenz heraus. Daraus ergaben sich die einzelnen Schritte der Heldenreise: Berufung, Weigerung, übernatürliche Hilfe, Überschreiten der ersten Schwelle, Bauch des Walfischs, Weg der Prüfungen, Begegnung mit der Göttin, Weib als Verführerin, Versöhnung mit dem Vater, Apotheose, endgültige Segnung (Campbell 2011: 42–52). Zudem gibt es sechs Abschnitte, die sich mit der Verweigerung der Rückkehr beschäftigen, die in den heutigen Modellen aber meist nicht mehr aufgegriffen werden.

Übertragen in eine etwas zeitgemäßere Sprache könnten die Schritte der Heldenreise wie folgt lauten (Vogler 1997): gewohnte Welt, Ruf des Abenteuers, Weigerung des Helden, Begegnung mit dem Mentor, Überschreiten der ersten Schwelle (Unumkehrbarkeit), Bewährungsproben und Verbündete (sowie Feinde), Vordringen in die tiefste Höhle (zum gefährlichsten Punkt), entscheidende Prüfung (Konfrontation, Überwindung des Gegners), Belohnung (konkret oder abstrakt, etwa in Form von Wissen), Rückweg in die gewohnte Welt, Auferstehung, Rückkehr mit dem Elixier.

Würde man die Heldenreise und das Drei-Akt-Modell übereinanderlegen, würde das Überschreiten der ersten Schwelle mit dem Ende des ersten Aktes zusammenfallen. Der Rückweg würde sich am Ende des zweiten Aktes befinden, wobei die entscheidende Prüfung etwa im zweiten Drittel des zweiten Aktes liegen würde, und der dritte Akt würde schließlich der Rückkehr mit dem Elixier entsprechen. Dabei ist anzumerken, dass die einzelnen Etappen der Heldenreise nicht immer alle und nicht unbedingt in der genannten Reihenfolge durchlaufen werden müssen, weswegen Vogler (1997) betont, dass das Konzept der Heldenreise nur ein Leitfaden sei und kein Kochrezept.

Auf dramaturgischer Ebene könnte man sagen, dass der dramaturgische Gehalt einer Geschichte über den Spannungsgehalt entscheidet. Das impliziert, dass es ausreichend vieler Ereignisse, Wende- und Höhepunkte sowie weiterer in diesem Buch beschriebener Spannungsmittel bedarf, um die Spannung über einen längeren Zeitraum hinweg zu erhalten. Zudem muss sich das Makroschema auf der Ebene der Mikrostruktur wiederfinden, das heißt, jede Szene muss die Geschichte voranbringen und die Spannung erhöhen oder zumindest halten, da sie sonst, zumindest für den Spannungsbogen, erlässlich wäre.

Wendepunkte und ihnen vorausgehende Hindernisse spielen sowohl im aristotelischen Drei-Akt-Modell als auch in den Modellen von Freytag (1863), Propp (1928), Campbell (1949) und Vogler (1997) eine große Rolle. An ihnen wird die Handlung in eine neue und unerwartete Richtung gelenkt. Dies kann entweder durch eine Entscheidung oder Information erfolgen oder durch ein bestimmtes Ereignis respektive eine ausschlaggebende Einsicht. An einem Wendepunkt wird ein Erzählstrang zu Ende gebracht und gleichzeitig eine neue Erzählsituation hergestellt, der lineare Verlauf der Handlung wird unterbrochen, was die Geschichte schlecht vorhersehbar macht und die Spannung steigert.

Und auch der Höhepunkt, oft als Peripetie bezeichnet, stellt genau genommen nur einen Wendepunkt dar, wenn auch einen besonders markanten. Gemäß Aristoteles (1982) bezeichnet der Höhepunkt den Punkt der Handlung, an dem sich eine Umkehr ergibt, die auf das Ende hinführt und sich gemäß der klassizistischen Forderung am Ende des dritten Aktes befindet. Heutige Autoren verwenden den Begriff des Höhepunkts hingegen etwas freier: „Als nächstes benötige ich eine Hand voll Höhepunkte. Höhepunkte funktionieren wie Mini-Schlussszenen" (Beinhart 2015: 51).

Neben dem Höhepunkt und vielleicht zwei bis drei weiteren größeren Wendepunkten gibt es in einer spannungsgeladenen Geschichte immer auch viele kleine Wendepunkte auf der Mikroebene, die unter Umständen nur graduelle Veränderungen bewirken, aber unbedingt erforderlich sind, um die Spannung aufrechtzuerhalten, neu aufzubauen oder sogar zu steigern. In diesem Sinne ist es prinzipiell möglich und auch erstrebenswert, jede Szene mit einem Mikrowendepunkt zu versehen, um dadurch zur nächsten Szene, dem nächsten Geschehen, überzuleiten (siehe auch Cliffhanger).

Schon Schlegel (1884) verwies in seinen *Vorlesungen über schöne Litteratur und Kunst* auf die Bedeutung von Wendepunkten: „So viel ist gewiß [sic!]: die Novelle bedarf entscheidender Wendepunkte, durch die die Hauptmassen der Geschichte deutlich in die Augen fallen, und dies Bedürfnis hat auch das Drama." Und auch in den darauf folgenden Versuchen anderer Autoren, das Wesen der Novelle zu benennen, wurde wiederholt auf die Bedeutung des Unerwarteten, Überraschenden und Unberechenbaren hingewiesen.

Ein weiterer Begriff, der im engen Zusammenhang mit dem Thema des Wendepunktes steht, ist der des Cliffhangers, mit dem der Umstand beschrieben wird, dass am Ende einer Szene etwas offenbleibt, das den Leser anregt, weiterzulesen. Der Ausdruck stammt ursprünglich aus dem Roman *A Pair of Blue Eyes* (Hardy 1873), der als monatliche Serie in einer Zeitschrift abgedruckt wurde. In einer Szene dieser Serie konnte sich der Protagonist nur noch an einem Büschel Gras festhalten, um nicht in den Tod zu stürzen, und schon war der Ausdruck des Cliffhangers geboren. In der monatlich erscheinenden Serie band eine Cliffhanger-Szene den Leser an den Fortsetzungsroman, da die Auflösung erst in der nächsten Ausgabe zu erwarten war. Nach Hardy setzten zahlreiche amerikanische Kinoserien auf den Cliffhanger. Beinhart (2015: 71) bezeichnet ihn als *Hook* (Haken), dessen Aufgabe am Ende eines Kapitels darin bestehe, ein neues Problem aufzuwerfen, das komplizierter und dringlicher sei, als das der vorherigen Szene.

3. Spannungstypen

Beschäftigt man sich mit dem Thema Spannung, kommt man nicht umhin, verschiedene Spannungstypen zu identifizieren, auch wenn diese nicht trennscharf zu unterscheiden sind und ihnen von verschiedenen Autoren unterschiedliche Bedeutungen zugeschrieben werden. Die am häufigsten genannten Spannungstypen sind Gefühls-, Angst-, Furcht-, Schreck-, Erwartungs-, Zukunfts-, Rätsel-, Erkenntnis- und Lustspannung, wobei sich einige Typen vorwiegend der kognitiven Ebene zuordnen lassen (Rätsel-, Zukunfts- und Erwartungsspannung), während andere vorwiegend die emotionale Ebene betreffen (Gefühls-, Angst-, Furcht- und Lustspannung). Dabei hängen Angst- und Lustspannung oftmals eng zusammen und können vor allem deswegen genossen werden, weil der Leser oder Zuschauer dabei zugleich ein Gefühl der Sicherheit empfindet.

Spannung lässt sich dementsprechend sowohl auf kognitiver als auch emotionaler Ebene erzeugen, wobei die meisten Autoren (zum Beispiel Truffaut und Hitchcock; Truffaut 2003) und Wissenschaftler (Wulff 1996, Mikos 1996) davon ausgehen, dass eine rein kognitive Spannungserzeugung nicht ausreicht, um den Rezipienten auf Dauer in das Geschehen zu involvieren. Hitchcock geht sogar so weit, zu behaupten, dass das, was klassischerweise mit Spannung assoziiert wird, nämlich die Suche nach einem Täter, lediglich ein intellektuelles Rätsel darstelle und als solches nicht unbedingt mit einer Spannungserzeugung einhergehe, sofern daran keine Emotionen gekoppelt seien (Truffaut 2003: 63).

Eine rein kognitive Spannung lässt sich demnach als Rätselspannung beschreiben und findet sich meist in den Whodunit-Formaten der klassischen Kriminal- oder Detektivgeschichten, in denen es vor allem darum geht, ein Verbrechen aufzuklären und einen Täter zu finden. Dabei spielt bei der kognitiven Spannungserzeugung das Element der Vorausdeutung respektive Antizipation, auf die noch ausführlich eingegangen wird, eine entscheidende Rolle.

Bei den emotionalen Spannungstypen standen lange die Angst-, Furcht- und Schreckspannung im Vordergrund, während in letzter Zeit auch die Lust- und Erwartungsspannung an Bedeutung gewonnen haben, die eine ähnliche Spannungsintensität erzeugen können, wie die zuerst genannten. Anz etwa beschreibt die emotionalen Spannungstypen als das „Bedürfnis nach erregender Stimulation seiner Affekte, gerade auch solcher, die mit Gefühlen des Schmerzes und der Unlust verbunden sind" (Anz 2002: 145), wobei die Macht der Angstphantasie nicht zu unterschätzen sei (ebd.: 148).

Das Phänomen der Angstspannung lässt sich übrigens auch im Alltag nachweisen. In einem als Brückenexperiment bekannt gewordenen Versuch wurde Männern ein und dieselbe Frau einmal auf einer schwankenden Hängebrücke und einmal auf einer stabilen Steinbrücke gezeigt. Die Männer fanden die Frau auf der gefährlich schwankenden Hängebrücke deutlich attraktiver als die Frau auf der sicheren Steinbrücke. Offensichtlich interpretierten die Männer die unterschwellige Angst, die sie in der unsicheren Höhe empfanden, als sexuelle Erregung (Dutton und Aron 1974).

Bezogen auf die Spannungstypen erklärt sich der Leser für die Dauer der Rezeption bereit, fiktionale Realitäten anzuerkennen, so dass er Angst und Lust zugleich empfinden kann, weil er sich in sicherer Distanz befindet und die Angst dementsprechend nur eine Als-ob-Angst ist, die zu angstähnlichen Reaktionen führt. Der Leser probiert sich also gewissermaßen in neuen Rollen und erlebt die Angst wie ein Spiel, in dem er gefährliche oder sozial inakzeptable Situationen durchleben kann, ohne unter seiner Angst zu leiden, weil er diese als ein ritualisiertes Spiel erlebt (Vorderer 1994), wobei sich die reale und die medial vermittelte Angst stark ähneln (Tan und Diteweg 1996).

Innerhalb derer, die sich mit dem Thema Spannung beschäftigen, gibt es jene, die den emotionalen Aspekt betonen, wie etwa Tan und Diteweg 1996: 151), und Spannung als eine emotionale Antwort beschreiben, die Hoffen und Bangen sowie eine ängstliche Befürchtung umfasst. Oder jene, wie Vorderer, Wulff und Friedrichsen (2001: 344), die betonen, dass die Rezipienten emphatischen Stress empfinden, wenn der Protagonist scheitert.

Gerrig und Bernardo (1994) hingegen gehören zu den Autoren, die den kognitiven Aspekt betonen, da Spannung ihrer Meinung nach dadurch erzeugt wird, dass der Rezipient auf der Suche nach Lösungen für das dramatische Dilemma ist. Sie gehen davon aus, dass die Spannung umso größer ist, je weniger Auswege der Rezipient für die dramatischen Konflikte findet. Und auch White (1939: 40) nimmt an, dass Spannung in erster Linie als ein fortwährender Zustand der Neugier beschrieben werden kann und damit der kognitiven Ebene zuzuordnen ist.

Daneben gibt es Autoren, die eine Kombination von kognitiver und emotionaler Spannung für entscheidend halten, wie etwa Ortony und Clore (1989: 131), die Bangen und Hoffen als ebenso wichtig für die Erzeugung von Spannung ansehen wie die Ungewissheit auf kognitiver Ebene. Sternberg und Kollegen (1978: 65) definieren Spannung als einen Zustand, der dadurch entsteht, dass dem Rezipienten dringend gewünschte Informationen vorenthalten werden, so dass er den Ausgang des Konflikts nicht erahnen kann. Und auch Alwitt ist ein Verfechter von kognitiver plus emotionaler Spannung: „Suspense is a cognitive and emotional reaction of a viewer, listener, or reader that is evoked by structural characteristics of an unfolding dramatic narrative" (Alwitt 2002: 35).

Neben der Spannung auf der Plotebene, wie sie die zuvor dargestellten Modelle zeigen, und den weiter unten ausführlich dargestellten Spannungselementen spielen natürlich Inhalt, Sprache und Atmosphäre eine große Rolle bei der Spannungserzeugung. Dabei gilt es festzuhalten, dass sich letztlich jedes Thema spannend abhandeln lässt, wobei Themen, die archetypische Grundmuster berühren und damit alle Menschen betreffen, primär ein größeres Spannungspotential besitzen als singuläre Themen, die nur wenige Menschen betreffen. Verknüpft mit der Plotebene stellt die Heldenreise einen dieser Archetypen dar und auch die sogenannten Masterplots bedienen sich archetypischer Muster.

Tobias (2016) beispielsweise geht von zwanzig Masterplots aus, die unter allen Geschichten liegen. Darunter sei die Suche *(quest)* im Vogler'schen Sinne nur einer dieser Masterplots. Weitere sind das Abenteuer, die Verfolgung, die Rettung, die Flucht, die Rache und so weiter, wobei vielen Masterplots bereits ein bestimmtes zentrales Motiv zugrunde liegt und Geschichten auch aus mehreren, sich überlagernden Masterplots bestehen können.

Dass Geschichten aber nicht nur von der Plotstruktur und den Charakteren leben, sondern ebenso von der Atmosphäre, bringt Beinhart (2015: 20) deutlich zum Ausdruck: „Orte bedeuten mehr als nur Punkte auf einer Karte oder Lokalkolorit für Touristen. Der gewählte Ort repräsentiert eine bestimmte Lebensart." Die Atmosphäre trägt also maßgeblich zur Geschichte und damit zum Spannungsaufbau bei. Je konkreter und spezifischer ein Ort oder eine Atmosphäre beschrieben wird und je ungewöhnlicher die verwendeten Bilder sind (ebd.: 166), umso geeigneter sind sie, um Emotionen zu wecken und Identifikation zu begünstigen.

III. Grundlagen von Spannung

1. Motive, Ziele & Bedürfnisse

Um Spannung zu erzeugen, benötigen die Charaktere einer Geschichte eine Ausrichtung; sie brauchen Bedürfnisse, Motive und Ziele – erst dadurch werden sie zu aktiven, handelnden Personen und nicht zum Spielball der Gegebenheiten. Sofern sich der Leser mit den Motiven und Zielen der Charaktere identifizieren kann, kann er sich in der Regel auch mit den Figuren selbst identifizieren, da die Motive und Ziele den Figuren eine Richtung geben, ohne die keine oder nur wenig Bewegung möglich ist.

Motive und Ziele sind aber auch deswegen wichtig, weil sie Konfliktpotential enthalten und Konflikte maßgeblich zur Erzeugung von Spannung beitragen. Ziele führen zu einer Ausrichtung der Charaktere und bergen Handlungspotential, was zur Dynamisierung einer Geschichte beiträgt und zudem die Möglichkeit birgt, über Handlung und Dialog Subtext zu transportieren. Auf der Plotebene lässt sich Spannung allein dadurch herstellen, dass den Zielen der Protagonisten Kräfte entgegenstehen, sogenannte antagonistische Kräfte, die den Protagonisten daran hindern, seine Ziele zu erreichen. Die Kunst, Spannung zu erzeugen, besteht also unter anderem darin, die Protagonisten mit ausreichend starken Motiven und Zielen zu versehen und sie auf ebenso starke antagonistische Kräfte prallen zu lassen.

Percy (2016: 21–22) schreibt diesbezüglich, dass höhere, möglicherweise sogar moralische Ziele zwar erstrebenswert seien, die Protagonisten aber Ziele bräuchten, die für sie eine persönliche Dringlichkeit besäßen, was er als *human urgency* bezeichnet. Das soll nicht bedeuten, dass auf höhere Ziele zu verzichten ist, sondern vielmehr, dass diesen ein persönliches Streben beizuordnen ist. Für die Charaktere sollte etwas auf dem Spiel stehen, damit der Leser sich mit ihnen identifizieren kann und die Geschichte an Spannung gewinnt: „These are the stakes of the situation. Whether financial, professional, emotional, physical, or spiritual, they give your character a reason to go on their journey – and us a reason to follow" (ebd.: 22).

2. Widerstände & antagonistische Kräfte

Es war bereits die Rede von antagonistischen Kräften, die bewusst so bezeichnet werden, weil Protagonisten meist nicht nur einen Gegenspieler (Antagonisten) haben, sondern oft zahlreiche verschiedene Kräfte, die verhindern, dass sie ihre Ziele erreichen. Dadurch, dass es zwei oder mehr Kräfte gibt, die in unterschiedliche Richtungen streben, entsteht Spannung, insbesondere dann, wenn die Kräfte ungefähr gleich groß sind. Dabei hält die Spannung so lange an, wie die verschiedenen Kräfte miteinander ringen, wobei es sich bei einer solchen antagonistischen Kraft beispielsweise schon um etwas handeln kann, das die Entwicklung des Protagonisten verhindert.

Die Spannung wird umso größer, je stärker die sich widersprechenden Kräfte sind und umso unerbittlicher und härter sie aufeinandertreffen. Ziele, Bedürfnisse und Motive müssen also so groß sein, dass ein Nichterreichen selbiger unweigerlich zum Zusammenbruch führt oder doch zumindest einen großen Verlust bedeutet beziehungsweise als Scheitern erlebt wird. Dabei gilt, dass die Überwindung eines jeden noch so kleinen Hindernisses auf dem Weg zur Zielerreichung ein Unterziel darstellt (Beinhart 2015: 32). Die Konzentration auf das Ziel sowie die Kräfte der Gegenspieler sorgen für die Erzähldynamik, durch die sich Spannung entwickelt (ebd.: 34).

Bei der Definition von Spannung wurde bereits ausgeführt, dass diese unter anderem aus einem Zustand zwischen zwei Extremen entsteht, und bei dem Protagonisten und den antagonistischen Kräften handelt es sich um genau solche Extreme. Dadurch, dass nur eine der beiden Kräfte gewinnen kann, ergibt sich eine Dualität, die Spannung erzeugt, ähnlich wie beim Tauziehen, bei dem sich mal die eine und mal die andere Kraft in der überlegenen Position befindet, was es ermöglicht, die Spannung über eine längeren Zeitraum aufrechtzuerhalten.

Dabei können die antagonistischen Kräfte auf Figurenebene angesiedelt sein, wie etwa in bestimmten gesellschaftlichen Verhältnissen, oder sich auf der innerpsychologischen Ebene manifestieren. Zwei oder mehr entgegenstehende Kräfte bedeuten Konflikte und diese tragen wiederum dazu bei, Spannung zu erzeugen. Hennequin (1890: 125–126) betont, dass Hindernisse eine wesentliche Rolle bei der Erzeugung von Spannung spielen, und empfiehlt, immer Hindernisse einzubauen: „If one element of suspense is removed then it should be replaced by another, and this can be done by the introduction of an additional ‚obstacle'." Dafür, so Hennequin, könne man ein bekanntes Hindernis noch einmal aufleben lassen und betonen, ein neues implementieren oder eines hervorholen, das die ganze Zeit versteckt bereits vorhanden war.

Was zunächst einigermaßen theoretisch klingt, lässt sich anhand von Psychothrillern gut verifizieren. In Psychothrillern ist es nämlich unerlässlich, immer neue und überraschende Wendungen einzubauen, um die Spannung aufrecht zu erhalten. Letztlich können Hindernisse auch implementiert werden, indem etwas zunächst verschwiegen oder die Auflösung einer Frage immer wieder hinausgezögert wird. Percy (2016: 22) schreibt: „Create obstacles that ramp up the tension" und führt aus, dass Widerstände die Charaktere in die Enge treiben, bis zu einem Punkt, an dem sie verloren scheinen, bis zum Punkt maximaler Spannung, an dem sowohl die Protagonisten als auch die Leser verzweifelt nach Lösungen suchen, und das umso stärker, je aussichtsloser die Lage scheint.

3. Identifikation & Immersion

Der Begriff der Identifikation stammt aus dem Lateinischen (*idem* = derselbe, *facere* = machen) und bedeutet wörtlich ‚gleichsetzen'. In der Psychologie ist damit ein innerseelischer Vorgang gemeint, der identitätsstiftend ist. Dabei kann der Prozess der Identifikation bewusst stattfinden, wenn beispielsweise ein Schauspieler in seine Rolle schlüpft, oder unbewusst beziehungsweise vorbewusst, wie etwa beim Lesen eines Buches oder Ansehen eines Filmes. Vorbewusst deswegen, weil die Leser oder Zuschauer sich dessen wahrscheinlich sehr wohl bewusst sind, die Identifikation in der Regel aber nicht willentlich durch die Rezipienten herbeigeführt, sondern von der Geschichte sowie den Charakteren getriggert wird.

Menschen sind aber nicht nur in der Lage, sich mit einem anderen Menschen zu identifizieren, sondern auch mit Gruppen, einer Organisation oder Institution, einer Religion oder einer Weltanschauung. Diese Form der Identifikation wird jedoch bewusst außen vor gelassen, da sie für das Thema keine unmittelbare Relevanz besitzt. Auch die Diskussion, ob der Begriff der Identifikation in dem hier verwendeten Sinn angemessen ist, weil sich der Rezipient schließlich nicht selbst an die Stelle der Figuren setzt, wird hier nicht vertieft, sondern Identifikation wird im weitesten Sinne als Mitschwingen und Mitfühlen mit einer Figur definiert, einschließlich der Übernahme von Bedürfnissen und Zielen und damit der Übernahme der Gefühle im Fall des Scheiterns oder Siegens der Figur.

Identifikation ist ein wichtigstes Mittel, um eine Bindung zwischen dem Protagonisten und dem Rezipienten herzustellen und damit eine maßgebliche Grundlage für den Aufbau von Spannung. Denn nur, wenn es zu einer emotionalen Involviertheit kommt, steht sowohl für die Protagonisten als auch die Leser etwas auf dem Spiel. Nur, wenn der Leser mit dem Protagonisten hofft und bangt, entsteht emotionale Spannung. Interessiert sich der Leser hingegen nicht oder nur mäßig für den Protagonist, werden ihm der Verlauf der Geschichte und das Schicksal des Protagonisten gleichgültig sein. Und wenn keine Emotionen im Spiel sind, wird Spannung zu einer rein intellektuellen Rätselspannung, die geistig herausfordernd sein kann, den Leser jedoch nicht in vergleichbarer Weise packt und mitreißt wie eine emotionale Beteiligung.

Um Identifikation zu ermöglichen, sollte der Protagonist dem Leser zumindest ansatzweise sympathisch sein. Ohlander (1989: 9) geht sogar so weit, zu behaupten, dass die Sympathie des Zuschauers für den Protagonisten in einem direkten proportionalen Verhältnis zur Spannungsintensität stehe, während Vorderer (1994: 334–336) vorschlägt, nicht unbedingt von Sympathie zu reden, sondern ganz allgemein von einer Beziehung zwischen dem Rezipienten und dem Protagonisten als notwendiger Voraussetzung für die Erzeugung von Spannung.

Carroll (1996) wiederum geht vom Spannungsaufbau aufgrund einer moralischen Beurteilung der Protagonisten durch den Leser aus. Während eine Partei vom Rezipienten als moralisch klassifiziert werde, werde die andere als unmoralisch bewertet und es erfolge eine Identifikation mit der als moralisch empfunden Partei, für die ein positiver Ausgang des Geschehens gewünscht werde. Und der Medienpsychologe Zillmann (1996: 204–209) ist der Meinung, dass Spannung vor allem als emotionale Reaktion zu verstehen sei, in der Regel als eine akute Besorgnis des Lesers um einen beliebten Protagonisten, der durch bestimmte Ereignisse bedroht wird.

Schärf (2013: 55) postuliert, dass sich die Spannung des Textes immer direkt aus den psychischen Zuständen des Protagonisten heraus vermittele, und führt aus, dass es weder um eine reine Rätsel- oder Zukunftsspannung gehen könne, wenn man den Leser fesseln und seine Aufmerksamkeit dauerhaft aufrecht erhalten wolle, sondern in erster Linie darum, wie man den Leser aktiv beteilige, also in das Geschehen involviere (ebd.: 119–120). Spannung hängt dementsprechend davon ab, „inwieweit es dem Autor gelingt, einen Leser zu schaffen, der seine eigenen Projektionen und Hypothesen auf die Handlung bezieht und damit eine Identifikation [...] herstellt" (ebd.: 123). Das bedeutet, dass eine gewisse Ähnlichkeit zwischen Leser und Protagonist bei der Identifikation eine große Rolle spielt, wobei sich Ähnlichkeiten unter anderem an Kategorien wie Geschlecht, Herkunft, sozialer Klasse und Alter festmachen (Groebel 1981: 49).

Kreitler und Kreitler (1980: 259) gehen davon aus, dass Spannungsepisoden, in denen die Aktionen der Figuren handlungsgerichtet sind, besonders geeignet sind, Empathie und Identifikation hervorzurufen, und damit zugleich ein Eintauchen in die Erlebniswelt der Charaktere ermöglichen, die mehr oder weniger weitreichend sein könne. Schlüpft der Leser mit allen Sinnen, Gedanken und Gefühlen in die Figur und erlebt die Ereignisse als eine Art Stellvertreter, kommt es zum Verschmelzen von Leser und Figur, was eine gute Grundlage dafür schafft, die Spannung von der Figur auf den Leser zu übertragen. Dies wird mitunter auch als Immersion bezeichnet.

Der Begriff der Immersion stammt ursprünglich aus der Virtuellen Realität (VR) und meint, dass das Bewusstsein des Rezipienten illusorischen Stimuli ausgesetzt wird, die bewirken, dass die virtuelle Umgebung als real empfunden wird. Im Unterschied zur filmischen Immersion, so die Idee, erlaube die Interaktion mit einer virtuellen Umgebung einen höheren Grad der Immersion. Auch in Computer- und Rollenspielen gewinnt die Immersion eine immer größere Bedeutung. Eine amerikanische Professorin für digitale Medien beschreibt den Begriff wie folgt: „Immersion ist ein metaphorischer Begriff, abgeleitet von der physikalischen Erfahrung des Untertauchens in Wasser" (Murray 1997).

Der Begriff und das Konzept der Immersion wurde später oft in Film und Literatur aufgegriffen, beginnend mit Platons Höhlengleichnis – „Was, wenn unsere wahrgenommene Umwelt nur ein Schatten einer höheren Realität ist" (zit. n. Müller 2018) – bis beispielsweise zu dem Roman *Hikikomori* (2012) von Kevin Kuhn, in dem der Protagonist allmählich in eine virtuelle Welt driftet, die von ihm als real erfahren wird. Dem Begriff der Immersion verwandt ist der Begriff des *Flow* von Csíkszentmihályi (2007), der ein völliges Absorbiertsein beschreibt, das Aufgehen in einer Tätigkeit, wie etwa dem Lesen oder Zuschauen.

IV. Spannungselemente

1. Vorausdeutung, Antizipation

Gemäß Wulff (1996: 1) beruht Spannung zum Großteil auf Vorahnungen und Erwartungen. Diese werden dadurch erzeugt, dass der Text den Leser mit Informationen versorgt, die es ihm ermöglichen, zukünftige Entwicklungen durch Extrapolation vorauszunehmen. Das bedeutet, dass im Text solche Informationen enthalten sein müssen, die als Ausgangspunkt für mögliche Weiterentwicklungen fungieren können, was wiederum voraussetzt, dass verschiedene Zukunftsszenarien für die Entwicklung der Geschichte denkbar sein müssen. Wichtige Grundlage dafür, dass Extrapolationen funktionieren und Muster sich durchbrechen lassen, ist dabei das Ursache-Wirkungs-Prinzip.

Spannung liegt also nicht unbedingt im Text selbst, sondern vor allem darin, was der Text triggert (ebd.: 2). Denn dadurch wird etwas angedeutet, das noch gar nicht passiert ist, und auf diese Weise Spannung in der Vorstellungswelt des Lesers aufgebaut. „Die Antizipation von Bedrohung ist ein elementares Mittel der Erzeugung von Angstspannung, das sowohl in der Schauer- als auch in der Kriminalliteratur auf den unterschiedlichsten Ebenen Anwendung findet" (Schärf 2013: 20). Dabei wird die Antizipation zum Spiel mit Erwartungen und deren Enttäuschung (Beinhart 2015: 20).

Bei den Vorausdeutungen handelt es sich oft um Textbestandteile, die für das unmittelbare Textverstehen nicht zwingend erforderlich sind, deren Fehlen dem Text allerdings die Spannung nehmen würde. Vorausdeutungen sind für die Geschichte selbst zunächst also scheinbar erlässlich, nicht aber für den Aufbau von Spannung, die davon lebt, dass mögliche Entwicklungen mit unterschiedlichen Wahrscheinlichkeitsgraden angedeutet und Unwägbarkeiten eingebaut werden.

Mikos (1996: 44), der Vorahnungen als ein wichtiges Spannungselement versteht, differenziert zwischen negativen und positiven Gefühlserwartungen: Angst, Panik und Verzweiflung auf der einen und Hoffnung respektive Zuversicht auf der anderen Seite. Dabei betont er, dass emotionale Erwartungen stets zukunftsgerichtet sind und meist eine kognitive Komponente beinhalten. Hitchcock (Truffaut 2003: 81) spricht im Zusammenhang mit Vorausdeutungen von einer Art Konditionierung: „Diese Konditionierung des Publikums ist die Voraussetzung für jeden Suspense." Und Pfister (2001) postuliert, dass Andeutungen und Vorahnungen die Leser dazu anregen, Vermutungen über zukünftige oder vergangene Ereignisse anzustellen, und dass sie dann weiterlesen, um zu erfahren, ob sie richtig oder falsch gelegen haben. Beinhart (2015: 28) schreibt: „Erzählerische Dynamik ist die Ankündigung – oder die Drohung, Verlockung oder Andeutung –, *dass etwas geschehen wird.*"

2. Time ticking & Verzögerung

Ein weiterer wichtiger Aspekt der Dramaturgie, der zugleich erheblichen Anteil am Spannungsaufbau hat, ist die Kompression beziehungsweise Verdichtung des Erzählstoffes. Während sich spannende Ereignisse im Alltag oft über Tage, Monate oder Jahre hinweg erstrecken, müssen sie für literarische respektive narrative Zwecke stark verkürzt dargestellt werden, was bedeutet, dass die Ereignisdichte in einem Text oder Film immer höher ist als im realen Leben.

Die einfachste Form, Spannung auf der Zeitebene zu erzeugen, ist der sogenannte *time-ticking*-Faktor. Die meisten Geschichten beinhalten eine tickende Uhr, manche explizit, andere kaum wahrnehmbar. Wird in einer Geschichte ein Ultimatum gestellt, ist das eine sehr konkrete Form, die Uhr laufen und die Figuren gegen den Faktor Zeit antreten zu lassen. Aber auch bei Aschenputtel beispielsweise tickt die Uhr: Die Tauben, die dem Mädchen zu Festkleidern und Schuhen verhelfen, raten ihm, vor

Mitternacht wieder zu Hause zu sein. Auch das ist ein *time-ticking*, das Spannung erzeugt.

Meist bezieht sich der *time-ticking*-Faktor darauf, dass eine drohende Gefahr innerhalb einer gewissen Zeit abgewendet werden muss und der Protagonist verloren ist, falls das nicht gelingt. Ein laufender Countdown erhöht die Spannung, weil er das Prinzip Hoffen und Bangen, also die Erwartungsspannung, auf die Spitze treibt. Spannung kann also auch durch einen Kampf gegen die Zeit erzeugt werden. Sogar in dem Roman *Der alte Mann und das Meer* (1952) von Hemingway läuft eine Uhr, wenn auch in einer sehr vagen, eher schwer zu fassenden Art und Weise. Nachdem gleich zu Beginn erklärt wird, dass der alte Mann seit vierundachtzig Tagen keinen Fisch mehr gefangen hat, ist es nur eine Frage der Zeit, bis er wieder einen fängt. Und als er dies dann tatsächlich tut, entbrennt ein Kampf zwischen Mann und Fisch und ist es erneut nur eine Frage der Zeit, bis einer der beiden aufgibt.

Statt von der tickenden Uhr zu sprechen, könnte man also sagen, dass Spannung immer dann entsteht, wenn etwas ‚eine Frage der Zeit' ist, weil dann sowohl die Protagonisten als auch die Leser gespannt auf das Eintreten des in Aussicht gestellten Ereignisses warten. Junkerjürgen (2002: 62) schreibt: „[Z]eitlich wird sie *[suspense]* vor allem von Ordnung und Dauer bestimmt. Textpassagen, die von Gefahren erzählen, diese aber zeitlich nicht umsetzen, gehören demnach ebenso wenig zum *suspense* wie solche, die zeitlich der Dauer entsprechen, aber keinen inhaltlichen *suspense*-Kern besitzen."

Aber nicht nur das Forcieren der Zeit, sondern auch das Hinauszögern von Antworten erzeugt Spannung. Percy (2016: 30) bezeichnet die Erzeugung von Spannung durch das Zurückhalten von Antworten oder Informationen als *delay gratification*. Das Zurückhalten von Informationen ist demnach eine Frage der Zeit, aber auch eine der Informationsdosierung sowie der Vorausdeutung. Oftmals ist der Wunsch, etwas wissen zu wollen, intensiver, als die Auflösung es sein kann (ebd.: 33), wobei keine zu hohen Erwartungen geweckt werden dürfen, die dann durch die Auflösung enttäuscht werden.

Wie im nächsten Kapitel zu sehen sein wird, führt auch eine detaillierte Beschreibung zu einer Verzögerung und kann auf diese Weise Spannung erzeugen. Monti-Pouagare (1986: 176–186) nennt vier Spannungstechniken: *surprise, verbal and/or physical attack, failure of the characters to see the truth* und *delay*. Dabei versteht er unter *delay* die Verzögerung der Auflösung von Leerstellen, also das Hinauszögern von Antworten. Und auch Dibell (1988: 63) empfiehlt Subplots, um das eigentliche Geschehen hinauszuzögern und dadurch die Spannung zu erhöhen.

3. Detaildichte & Genauigkeit

Bärfuss hat in einem persönlichen Gespräch (8. März 2018, Stadtkirche Darmstadt) gesagt: „Spannung entsteht dadurch, dass der Leser, ähnlich wie der Protagonist [die Rede ist von Philip in Bärfuss' Roman *Hagard*], in die Rolle des Jägers gerät und alle Details wahrnimmt, weil er nicht weiß, welche Dinge für ihn relevant sind oder es noch werden könnten." Durch diese Hypervigilanz und die sich daraus ergebende Informationsdichte entsteht Spannung – die Spannung des Jägers.

Durch Detaildichte kann also eine gewisse Spannung erzeugt werden. Zum einen, weil man, wie Bärfuss sagt, nie weiß, welches Detail später noch relevant werden wird, und zum anderen, weil es zu einer Verzögerung der eigentlichen Geschichte kommt, was die Spannung ebenfalls steigert. Baxter beschreibt dies exemplarisch an einem Kind, das einen Streit beobachtet: „The frightened child is thus in a condition of full attentiveness, [...] Because he does not know which details to look at, he must look at them all, and his hallucinated attention will cause those details to expand with a sort of *terrible visionary energy*" (Baxter 2007: 29; Hervorhebung durch die Autorin).

Gelingt es dem Autor, den Leser in einen Zustand absoluter Aufmerksamkeit zu versetzen, wie Baxter ihn für das Kind beschreibt, kann dies zu einer maximalen Immersion führen, die mit einer starken Identifikation einhergeht und den Leser auf emotionaler Ebene dergestalt involviert, dass Spannung evoziert wird. Der Horror erfasst das beobachtende Kind ebenso wie den Leser, der gar nicht anders kann, als weiterzulesen, um zu erfahren, was von den Andeutungen und Details relevant ist und wie es mit dem ängstlichen Kind weitergeht. Flaubert schreibt: „Um etwas interessant zu machen, muss man es nur lange genug betrachten" (zit. n. Baxter 2007: 30; Übersetzung durch die Autorin).

Dabei ist natürlich zu beachten, dass eine zu große Detailversessenheit auch als langatmig und störend empfunden werden und dadurch zu einem Spannungsabfall führen kann. Unstrittig ist allerdings, dass eine detaillierte Beschreibung zu einer dichten Atmosphäre beiträgt, die wiederum eine Voraussetzung für emotionale Involviertheit und Identifikation ist und im gelungenen Fall zur Immersion führen kann, die sodann eine gute Grundlage bildet, um Spannung aufzubauen und aufrechtzuerhalten.

4. Irritation & Orientierung

Auch Ungewissheit durch Irritation kann Neugier und Spannung auslösen. Indem der Orientierungsraum partiell oder ganz zerstört wird, bleibt der Leser im Ungewissen und versucht gespannt, eine gewisse Ordnung herzustellen, um wieder orientiert zu sein. Wichtig ist dabei, dass der Rezipient nicht nur auf Unbekanntes stößt, sondern sich zugleich an Vertrautes binden kann, da sonst die Möglichkeit der Identifikation und Immersion geringer wird oder ganz verloren geht.

Pfister (2001) verweist darauf, dass Texte Spannung erzeugen, indem sie Unordnung in das Prinzip der Harmonie bringen, und Schärf (2013: 27) spricht davon, dass manifeste Irritationen das Bild ins Unwirkliche und Unheimliche rücken, wodurch Spannung entsteht. Dabei spielt die Balance zwischen Orientierung und Irritation eine wesentliche Rolle: „Das Grauen muss immer im Alltäglichen wurzeln, das Unheimliche hat stets eine Rückbindung ans Vertraute" (ebd.: 33). Und auch Hitchcock spielt mit den Mitteln der Irritation, indem er beispielsweise Traum respektive Phantasie und Wirklichkeit ineinanderfließen lässt, wie etwa in dem Film *Downhill*, in dem er die Phantasie des jungen Protagonisten mit der Realität verschmelzen lässt (Truffaut 2003: 45).

Um Irritation auszulösen, reicht es mitunter bereits, eine Welt zu erschaffen, in der anders wahrgenommen, gehandelt, gedacht und miteinander umgegangen wird als in der vertrauten Welt des Lesers. Die Spannung entsteht dann dadurch, dass die Geschichte dem Leser aufzeigt, wie es sein kann und wie es sich anfühlt, in einer fremden Welt zu leben (Beinhart 2015: 19–20, 24).

V. Grundlagen des Subtextes

1. Informationsdosierung

Spannung entsteht nicht nur durch das, was gesagt und gezeigt wird, sondern auch durch das, was verschwiegen wird. Und das umso mehr, je detaillierter das Offensichtliche beschrieben und das Nichtoffensichtliche ausgeblendet wird. Die bis ins Kleinste beschriebene Oberfläche lässt das Verborgene umso deutlicher hervorscheinen und verlängert den Augenblick der Spannung. Baxter (2007: 25) vergleicht diese Hyperdetailliertheit mit einer Medizin, die als Überdosis einen toxischen Charakter bekommt: „[L]ike a medicine that in high doses aquires toxicity."

Durch die Beschreibung der Oberfläche und das Verschweigen des Eigentlichen entstehen zwei Geschichten zur gleichen Zeit, von denen diejenige, die im Ungefähren bleibt, Sprengkraft entwickelt: „[T]oo volatile or poisonous to handle directly" (ebd.: 26). Was unter der Oberfläche brodelt, wirkt umso bedrohlicher, je systematischer es ausgeklammert wird und je ausführlicher vom Uneigentlichen erzählt wird: „[...], and the ghosts moaning from beneath the floor" (ebd.: 5).

Die richtige Informationsvergabe zur richtigen Zeit und in der richtigen Dosierung hat also einen entscheidenden Einfluss auf den Aufbau von Spannung. Werden zu viele Informationen gegeben, kann das dazu führen, dass sich der Leser langweilt, werden hingegen zu wenige gegeben, funktioniert unter Umständen die Vorausdeutung nicht mehr oder kann nicht in ausreichendem Maß für die Phantasietätigkeit des Lesers eingesetzt werden.

Auch Wuss (1996: 52) schreibt der Vergabe von Informationen eine entscheidende Rolle für den Spannungsaufbau zu: „[A]nother characteristic is also applicable to suspense: [...] There is a difference between the information viewers have about the uncertain situation and the kind of information to which the protagonists are privy." Und Pfister (2001) ist der Meinung, dass sich das Spannungspotential eines Textes aus der partiellen Informiertheit von Figuren und Leser ergibt und Spannung sich immer im Spannungsfeld von Nichtwissen und antizipierter Hypothese aufgrund gegebener Informationen realisiert, womit er auf das Element der Vorausdeutung verweist.

Literarische Techniken der Spannungserzeugung spielen ganz systematisch mit der Informiertheit der literarischen Figuren sowie der Leser. Als spannend wird ein Text dann empfunden, wenn man nicht genau weiß, aber geradezu begierig wissen will, wie es weitergeht oder wie sich ein vergangenes Geschehen abgespielt hat. Bei allen Unterschieden in der Beschreibung von Spannungstypen gibt es doch Konsens darüber, dass Texte ihre Spannung unter anderem aus dem Umstand gewinnen, dass sie den Leser partiell uninformiert lassen (vgl. Pfister 2001).

Beinharts (2015: 35) Empfehlung lautet, Wissen sorgfältig zu streuen und zurückzuhalten, um damit zugleich die Taten der Figuren zu kontrollieren und indirekt natürlich den Leser. Weiter sagt er, dass der Leser nicht nur gelangweilt, sondern sogar verärgert ist, wenn er klüger oder besser informiert ist, als der Ermittler, vor dem er dann zunehmend den Respekt verliert, was die Identifikation erschwert oder sogar verunmöglicht (ebd.: 16). Das bedeutet, dass zudem darauf geachtet werden muss, wie das Verhältnis zwischen der Informiertheit des Lesers und des Protagonisten ist und wer einen Wissensvorsprung hat.

2. Ungewissheit & Unwägbarkeiten

Eine weitere Möglichkeit, Spannung zu erzeugen, besteht darin, Raum für Phantasie und Ambiguität zu schaffen. Je weniger sich Charaktere und Situationen bestimmten Stereotypen zuordnen lassen, umso größer die Unwägbarkeiten und damit die Spannung (vgl. Baxter 2007: 17–18). Spannung wird also nicht nur durch unwägbare Situationen erzeugt, sondern auch durch unberechenbare Charaktere, deren Psychologie sich abseits der Norm bewegt. Baxter spricht von „the domestic theater of wounded egos" (ebd.: 19). Eine weitere Ungewissheit kann durch einen unzuverlässigen Erzähler entstehen, was ebenfalls Spannung erzeugt und überdies mit dem Element der Ordnung versus Irritation spielt.

Obwohl auch Carroll (1996: 71–72) der Meinung ist, dass Unsicherheit einen wesentlicher Faktor für den Aufbau von Spannung darstellt, ist sie doch der Meinung, dass das nicht erklärt, warum beispielsweise Zuschauer beim wiederholten Ansehen eines Films Spannung empfinden, obwohl sie dessen Ausgang kennen und somit Unsicherheit und Unwissenheit nicht die ausschlaggebenden Faktoren für den Aufbau von Spannung sein können. Weiter führt sie aus, dass nicht jeder Zustand der Ungewissheit spannend sein muss, sondern dieser auch einfach nur mysteriös sein kann und es deswegen zusätzlicher Kriterien bedarf, um die erzeugte Spannung zu erklären (ebd.: 75).

Pfister (2001) verweist darauf, dass das lateinische Wort *suspendere*, von dem sich der englische Begriff ableitet, nicht nur ‚aufhängen' und ‚in der Schwebe halten' bedeutet, sondern auch ‚in Ungewissheit lassen'. Und Schärf (2013: 59) betont, dass das Spiel mit der Ungewissheit Teil der Psychofolter ist, von der Spannung lebt.

Auch wenn man sagen kann, dass Neugier und Spannung nah beieinanderliegen und sich wechselseitig bedingen oder sogar verstärken und oft mit einem Mangel an Informationen einhergehen, kann es ebenso gut sein, dass in einem Fall zu großer Verwirrtheit dem Rezipienten keine Möglichkeit mehr bleibt, Motive, Ziele und Handlungen nachzuvollziehen, was zugleich bedeutet, dass er keine Vorausdeutungen vornehmen kann, wodurch die Spannung abfällt.

Hennequin (1890) beschreibt in seiner Abhandlung über das Drama sieben Mittel, um die Aufmerksamkeit des Publikums zu erlangen. Eines ist die Spannung, die aus dem Zweifel des Rezipienten bezüglich des Fortgangs der Geschichte besteht, also der Ungewissheit. Aber auch offene Fragen führen zu Ungewissheiten, machen neugierig und wecken das Bedürfnis, Antworten zu finden: „Es entspricht der menschlichen Natur, dass, sobald sich eine Frage stellt, nach einer Antwort gesucht wird" (Beinhart 2015: 12). Damit erzeugen Fragen also zunächst einmal Spannung im Allgemeinen, die man aber durchaus auch als Spannung im zeitlichen Kontext verstehen kann. Die im Text aufgeworfenen Fragen werden in der Zukunft, also im Verlauf des Textes, beantwortet, so jedenfalls das Versprechen des Autors.

Und genau mit dieser Erwartung des Lesers kann gespielt werden, um Spannung zu erzeugen, wobei ein Aufschub der Befriedigung, in diesem Fall der Beantwortung der aufgeworfenen Fragen, nicht endlos hinausgezögert werden kann, so dass es erforderlich ist, immer neue Fragen aufzuwerfen und andere Fragen wiederum teilweise zu beantworten, um den Leser nicht so stark zu frustrieren, dass er nicht weiter liest: „Immer ein kleines Häppchen, das uns eine Frage beantwortet, gleichzeitig aber eine neue stellt" (Röntgen 2016: 12). Denn wenn alle Fragen restlos beantwortet sind und keine neuen aufgeworfen werden, bricht die Spannung in sich zusammen. Dabei kann schon ein Versprechen Spannung erzeugen, weil es die Frage beinhaltet, ob es eingelöst werden wird (Waldscheidt 2008: 5).

3. Zwischen den Zeilen (Dialoge)

Beinhart (2015), der viel für das Theater gearbeitet hat, behauptet, dass Dialoge Handlung darstellen, die dadurch entsteht, dass die Figuren bei jeder Begegnung eine Absicht haben respektive ein Ziel verfolgen, das allerdings nur selten als direktes Thema im Dialog auftaucht: „Der Begriff ‚Subtext' stammt aus dem Theater und bezeichnet die Gedanken und Gefühle, die unter der Oberfläche des gesprochenen Dialogs liegen – die tiefere Bedeutung eines Satzes jenseits der reinen Wortbedeutung" (ebd.: 151).

Insbesondere innerhalb von Dialogen spielt Benennen und Verschweigen eine große Rolle. Würden die Figuren unmittelbar aussprechen, um was es geht, wäre das auf Dauer wenig unterhaltsam. Spannender hingegen erscheinen Dialoge, in denen das Eigentliche nicht gesagt wird, sondern über etwas scheinbar Banales verhandelt wird, während dem Rezipienten durch möglicherweise parallel stattfindende Handlungen oder Vorinformationen klar ist, um was es eigentlich geht.

Dabei sind Dialoge wie ein Schachspiel: Mit jedem Satz verändern sich die Positionen und Gewinnchancen der Kontrahenten und wie im Schach handelt es sich auch beim Dialog um eine Verschiebung von Machtverhältnissen, inklusive subtiler Manipulationen, die den Gegner zu Handlungen verleiten, deren Konsequenzen meist erst viele Züge später offensichtlich werden. Auch dies kann die Spannung erhöhen, weil es wieder um das Thema Informationsdosierung geht und das Element der Vorausdeutung. Geschickt gebaute Dialoge können den Leser dazu animieren, Schlussfolgerungen zu ziehen und neugierig darauf zu werden, ob seine Ahnungen hinsichtlich der Bedeutung des Gesagten stimmen.

Stehen Dialoge im Dienst der Spannungserzeugung geht es in der Regel um mehr und tiefgründigerers, als in den direkten Aussagen verhandelt wird: „The outcome of the conversation (Character A wants to reveal his feelings to Character B, for example) is almost never enough. To make the audience want to push forward, to wonder what happens next, there needs to be something else at work. The lower-order goal will serve that function, providing a healthy dose of momentum" (Percy 2016: 24).

Auch bei Hitchcock ist das, was gesagt wird, zweitrangig, während sich das Entscheidende an einer anderen Stelle abspielt, zum Beispiel in den Gedanken der Figuren, die man in Hitchcocks Filmen beispielsweise anhand ihrer Blicke erraten kann (Truffaut 2003: 15). Die Dramatik kommt dabei durch den Widerspruch dessen, was an der Oberfläche stattfindet (Dialog oder Handlung), und dem, was in der Tiefe abläuft und nur mittelbar sichtbar wird (Gedanken, Gefühle), zustande.

Aber nicht nur Dialoge sind dafür geeignet, etwas zwischen den Zeilen anklingen zu lassen, sondern ein weiteres probates Mittel, Dinge nicht zu benennen, ist es, die Figuren handeln statt sprechen zu lassen, da Handlungen und Verhaltensweisen oft mehr und Mehrdeutigeres über die Figuren offenbaren als Gesprochenes: „It is not that actions speak louder than words; they speak *instead* of words" (Baxter 2007: 20). Auf der Ebene des Subtextes kann die Spannung zudem dadurch gesteigert werden, dass die Charaktere in Wahrheit etwas anderes wollen, als sie vorgeben: „A certain kind of story does not depend so much on what the characters say they want but can't own up to. This inability to be direct creates a subterranean chasm […]" (ebd.: 37).

Das Nichtgesagte sind also „die Lücken, die der Leser füllen muss und darf, das sind die Rätsel und Fragen, die er gerne lösen möchte. Das ist der Stoff, aus dem Spannung entsteht" (Röntgen 2016: 13). Der Leser muss also nicht alles wissen, sondern nur genug, um ausreichend orientiert zu sein. Beinhart (2015: 121) spricht von „toxischen Lecks": „Ein toxisches Leck ist die Dialogzeile oder der Moment, in dem etwas vom wahren Charakter der Person durch die sorgsam konstruierte Fassade dringt und wir erkennen können, wer diese Person wirklich ist."

VI. Das Eskalationsmodell

1. Das Modell im Kontext

Der Begriff der Eskalation stammt von dem französischen Wort *escalier* (= Treppe) und erscheint deshalb passend für das Spannungsmodell, weil davon ausgegangen wird, dass die Spannung stufenweise ansteigt und zwischendurch auf einem Plateau gehalten wird, was durch die Treppenstufen symbolisiert wird. Um eine Stufe nach oben zu steigen und die Spannung zu steigern, bedarf es der Spannungsmittel, die bereits besprochen wurden und deswegen im vierten Teil dieses Kapitels nur noch einmal in aller Kürze als Überblick aufgeführt werden.

Eskalation passt aber in einer weiteren Hinsicht gut zu dem Spannungsmodell, und zwar weil eine Eskalation ein Verhalten beschreibt, das durch wechselseitige Aktionen und Reaktionen zur Intensivierung eines Konfliktes führt. Eine Eskalation verschärft also eine Konfliktsituation, wobei sie in der Regel nicht unvermittelt auftritt, sondern als Folge einer angespannten Situation, die entweder auf die Spitze getrieben wird oder entgleist. Und auch das scheint besonders geeignet für ein narratives Spannungsmodell, da sich die Konflikte einer Geschichte im Allgemeinen zuspitzen und die dramatischen Krisen ihre narrative Vorgeschichte haben.

Betrachtet man die einzelnen Eskalationsstufen, wie sie beispielsweise von dem Konfliktforscher Glasl (1999) beschrieben werden, ergeben sich auch hier zahlreiche Analogien zum dramatischen Geschehen im narrativen Kontext. Stufe 1 bis 3 beschreibt, wie sich Standpunkte verhärten und Spannungen entstehen, nachdem die Konflikte zunächst nicht wahrgenommen wurden. Es wird polarisiert und debattiert und am Ende der dritten Phase folgen Taten statt Worte. Denkt man an das Modell der Heldenreise, so würde man auf der ersten Stufe von der gewohnten Welt sprechen, auf die auf der zweiten Stufe ein unerwartetes Ereignis folgt und das Gewohnte beendet sowie eine Neuausrichtung erfordert. Es entsteht also eine veränderte Situation, auf die alle Beteiligen reagieren müssen.

Stufe 4 bis 6 benennt die Bildung von Koalitionen sowie den Versuch, das Gesicht zu wahren, was auch Drohstrategien beinhaltet. Der Konflikt spitzt sich immer weiter zu, die Parteien sind längst durch das *One-Way Gate* geschritten und können nicht mehr zum Ausgangszustand zurück, ohne einen Gesichtsverlust zu riskieren. Auch im narrativen Kontext ist der Kampf zwischen dem Protagonisten und den antagonistischen Kräften so weit fortgeschritten, dass Deeskalationsmaßnahmen nicht mehr greifen. Der Held ist, in Anlehnung an die Heldenreise, am tiefsten Punkt angekommen und steht vor der entscheidenden Konfrontation.

In Glasls Modell (1999) folgen auf Stufe 7–9 begrenzte Vernichtungsschläge sowie die Zersplitterung und der gemeinsame Sturz in den Abgrund. Es gibt keine Gewinner. Während Stufe 7 und 8 in der Narration noch analog zu Glasls Modell verlaufen und die Kluft zwischen dem Protagonist und den antagonistischen Kräften immer größer wird, unterscheidet sich die letzte Stufe in der Narration vom Modell des Konfliktforschers, da in der Narration in der Regel nur einer der Antipoden in den Abgrund stürzt, während der andere den Kampf gewinnt; wohlgemerkt gibt es auch Szenarien, in denen alle Protagonisten sowie die fiktive Welt vernichtet werden und untergehen. Die Analogien zwischen Glasls Modell und dem dramaturgischen Verlauf von Narrationen wurden bereits in Zusammenhang mit Danny deVitos Film *Der Rosenkrieg* beschrieben (Brandl und Stadler 2018, Schmid 2011).

Was Hitchcock als Regel für den Film aufstellte, setzte Poe auf der Textebene um. In seiner Erzählung *Die Grube und das Pendel* (*The Pit and the Pendulum*, 1842) reiht er eine grauenvolle Episode an die nächste, ohne dass es zu einem Spannungsabfall kommt. Und auch in Adler-Olsens Romanen erlebt der Leser „eine Kette von Momenten der Angstspannung" (Schärf 2013: 61).

2. Das Modell im Überblick

Beim Eskalationsmodell handelt es sich um ein dramaturgisches Modell, das die Spannung als Hauptfaktor der Narration begreift. Anders als etwa das aristotelische Drei-Akt-Modell beruht das Eskalationsmodell auf der Überzeugung, dass es bis zum Ende einer Geschichte keinen Spannungsabfall geben sollte, sondern nur Spannungsplateaus, da ein Abfall der Spannung zum Verlust des Leserinteresses führt. Damit steht das Modell in der Hitchcock'schen Tradition (Truffaut 2003: 12) und verfolgt die Idee, dass Emotionen geweckt werden müssen, damit Spannung entsteht, die wiederum aufrechterhalten werden muss, um den Rezipienten zu unterhalten und nicht zu langweilen oder gar zu verlieren.

Das Modell folgt also Hitchcocks Diktum (Truffaut 2003: 12–13), dass sich zwei spannende Szenen aneinanderreihen sollten, ohne von einer gewöhnlichen, mit einem Spannungsabfall einhergehenden Szene verbunden werden zu müssen. Dadurch soll verhindert werden, dass sich Banalität und Langeweile ausbreiten. Wie Hitchcock betont auch Highsmith (2013: 68), dass jedes Kapitel und jede Szene die Geschichte voranbringen muss und nicht nur als Verbindungsglied fungieren darf. Sie bezeichnet ein Kapitel als einen kurzen Akt in einem Schauspiel „mit einem dramatischen oder emotionalen Knall in sich, mal größer, mal kleiner" (ebd.: 88).

Auch Carroll (1996: 74) betont, dass jede Szene und jeder Abschnitt so spannend sein sollte wie die ganze Geschichte. Hitchcocks, Highsmiths und Carrolls Ideen finden sich im Eskalationsmodell wieder, das davon ausgeht, dass Spannung nicht nur aufgrund eines großen, die ganze Geschichte umfassenden Spannungsbogens entsteht, wie ihn das aristotelische Modell nahelegt, sondern kontinuierlich gehalten, immer wieder neu aufgebaut und, falls möglich, gesteigert werden muss und es notwendig ist, dass sich die Spannung der ganzen Geschichte (Makrostruktur) auf der Szenenebene (Mikrostruktur) wiederfinden lässt. Dies impliziert, dass jede Szene ihren eigenen kleinen Spannungsbogen hat, der sich zur Spannungserzeugung meist eines der genannten Spannungsmittel bedient (z. B. antagonistische Kräfte, offene Fragen, Überraschungen).

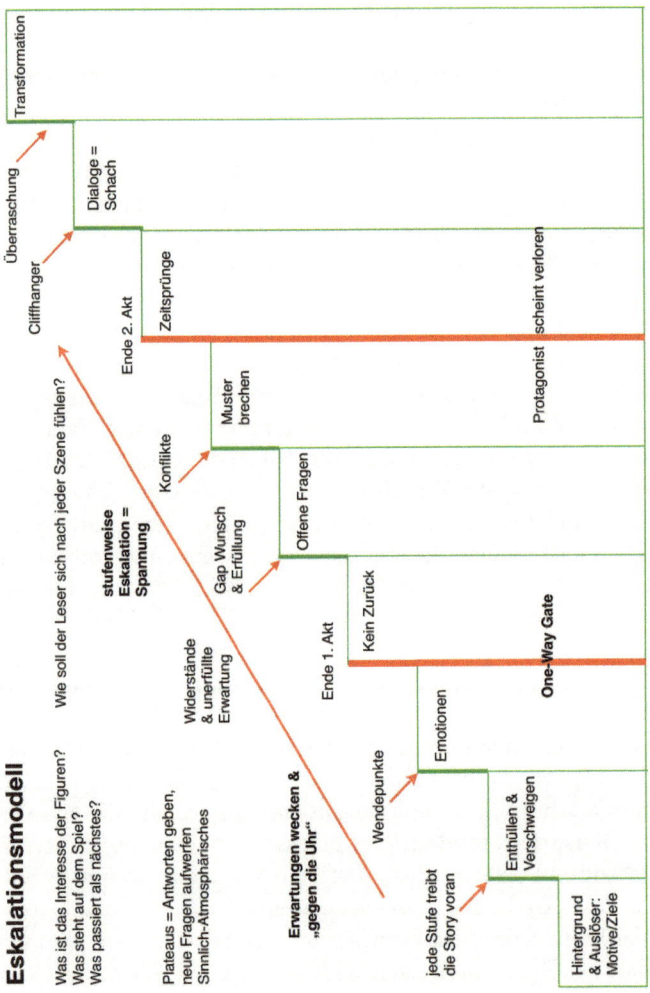

Dass die Treppe nach oben führt, sagt nichts darüber, ob die Figuren eine auf- oder abwärts strebende Tendenz haben oder ob positive oder negative Ereignisse stattfinden, sondern verweist lediglich auf den Grad der Spannung, also ob die Spannung ansteigt oder auf einem Plateau bleibt. Denn oft sind es ja gerade krisenhafte und problematische Ereignisse sowie negativ besetzte Aspekte einer Geschichte, die einen Spannungsanstieg bewirken. Das Modell versinnbildlich also nur, dass eine Geschichte davon lebt, dass die Spannung in regelmäßigen Abständen steigt und zwischendurch allenfalls auf einem gleichbleibenden Niveau gehalten werden darf, da ein Spannungsabfall zum Aufmerksamkeits- und Interessensverlust des Rezipienten führt.

Die Idee, dass immer wieder kürzere Spannungselemente aufeinanderfolgen müssen, um die Neugier und das Interesse des Rezipienten aufrechtzuerhalten, findet sich durch die Stressforschung bestätigt. De Wied (1991: 16) untersuchte beispielsweise, wie sich die Dauer einer Schadensantizipation auf die Spannung auswirkt, und fand heraus, dass die Spannung bei einer zu langen Zeitspanne zwischen Ankündigung und Eintritt des schädigenden Ereignisses abfällt. Dafür untersuchte sie Filmszenen und stellte eine gute Spannungsintensität bei einer Antizipationsdauer bis drei Minuten fest. Obwohl diese Ergebnisse sich auf die Filmdramaturgie beziehen, lassen sie sich doch auf die Textebene übertragen und legen den Schluss nahe, dass ein großer Spannungsbogen nur dann trägt, wenn die Spannung und damit das Rezipienteninteresse durch kleinere Spannungsbögen auf der Mikroebene aufrechterhalten werden.

Jede Stufe des Modells treibt die Geschichte voran und enthält ein oder mehrere Spannungsmittel wie etwa das Enthüllen und Verbergen oder Ereignisse, die eine unmittelbare Handlung respektive Entscheidung von den Figuren fordern. Dabei spielt die Kluft zwischen den Zielen und Wünschen der Figuren und deren Erfüllung eine ebenso große Rolle wie überraschende Wendepunkte oder sich immer wieder auftürmende Widerstände beziehungsweise antagonistische Kräfte.

Wie zuvor herausgearbeitet, müssen immer ausreichend viele offene Fragen bestehen bleiben, um die Spannung zu erhalten, was impliziert, dass mit der Beantwortung von Fragen zugleich neue aufgeworfen werden müssen, um keinen Spannungsabfall zu riskieren. Der Leser oder Zuschauer muss im Zustand zwischen Hoffen und Bangen gehalten und dazu gebracht werden, sich so weit mit den Figuren zu identifizieren, dass die Suche nach Lösungen und Auswegen zu seinem eigenen Problem wird. Er muss spüren, dass es kein Zurück gibt, wenn er gemeinsam mit dem Protagonisten das *One-Way Gate* durchschritten hat, und er muss die Verzweiflung spüren, wenn der Protagonist im zweiten Drittel der Geschichte scheinbar verloren ist. Percy (2016: 23) schreibt: „This is where you always want to put your characters: in the tight spot from which escape seems nearly impossible."

Zu Beginn einer Geschichte müssen ausreichend viele Informationen gegeben werden, damit sich der Leser oder Zuschauer mit den Charakteren identifizieren und ihre Bedürfnisse, Ziele sowie Motive nachvollziehen und nachempfinden kann. Dabei gilt zugleich, dass zu viele Informationen oder zu explizite und ausführliche Erklärungen zu einem Spannungsabfall führen. Es kommt also auf eine geschickte Informationsdosierung an, ebenso wie es auf eine gute Balance zwischen Orientierung und Irritation ankommt. Verändert sich zum Auftakt der Geschichte die gewohnte Welt, so muss diese erst ausreichend beschrieben worden sein, damit der Leser die Veränderung nachvollziehen kann und nicht die Orientierung und damit das Interesse verliert.

Jedes Mal, wenn die Spannung auf eine neue Stufe gehoben werden soll, bedarf es einer Art Lift, der in Form der verschiedenen Spannungsmittel zur Verfügung steht. Dabei stellen sich auf der Makroebene des Eskalationsmodells die gleichen Fragen wie auf der Mikroebene. Was ist das Interesse der Figuren und was steht für sie auf dem Spiel? Wie ist ihr Befinden zu Beginn und am Ende einer Szene? Was hat sich durch die Szene verändert? Und vor allem: Wie bringe ich den Leser dazu, sich mit den Figuren zu identifizieren? Wie soll er selbst sich nach einer Szene fühlen?

Natürlich lassen sich nicht immer alle Aspekte des Eskalationsmodells auf alle Texte oder Filme beziehungsweise Theaterstücke anwenden und schon gar nicht in der angedeuteten Reihenfolge, die rein exemplarisch ist. Dennoch haben sich die im Modell dargestellten Spannungsmittel als sinnvoll und weiterführend erwiesen, sowohl bei der Analyse der im nächsten Teil des Buches präsentierten Texte als auch bei der Produktion von Geschichten. Autoren respektive Journalisten sind gut beraten, ihre einzelnen Szenen und den Gesamtaufbau des Textes in Hinblick auf die verwendeten Spannungsmittel sowie die sich daraus ergebenden Spannungsbögen zu analysieren, insbesondere dann, wenn eine Geschichte ungewollte Längen aufweist und bei einzelnen Passagen ein Spannungsabfall auftritt.

3. Mikrostruktur (Szenenebene)

Jede Szene sollte so aufgebaut sein, dass sie für sich allein lesenswert ist und über ihre Funktion innerhalb des Plots hinaus etwas Zusätzliches bewirkt, wie beispielsweise den Rezipienten zum Lachen oder Weinen zu bringen, zum Hoffen oder Bangen oder dazu, neugierig zu sein (Beinhart 2015: 207). Die entscheidende Frage auf der Ebene der Mikrostruktur ist, wie sich der Leser oder der Zuschauer nach einer Szene fühlen soll. Welchen Emotionen soll er in der entsprechenden Szene ausgesetzt sein, welche Gedanken und Ideen sollen vermittelt und zu welchen Vorausdeutungen soll er verleitet werden? Wie schafft man es, den Rezipienten dazu zu bringen, dass er sich mit den Charakteren identifiziert und in die Geschichte hineingezogen wird? Und welches Ziel wird mit einer Szene verfolgt? „Der Versuch und das Streben, etwas zu bekommen oder ein Ziel zu erreichen, belebt die jeweilige Szene" (Beinhart 2015: 30).

Percy (2016: 23) schreibt: „Lower goals drive your scenes" und meint damit auch kleinere Ziele, wie etwa an ein Bier zu kommen, sofern der Protagonist dieses dringend benötigt. Er vergleicht das mit einem Marathonlauf, bei dem das übergeordnete Ziel darin besteht, die Ziellinie zu überschreiten. Um dieses Gesamtziel zu erreichen, ist es notwendig, immer wieder kleine (Szenen-)Ziele zu haben und zu erreichen, beispielsweise eine Bank am Wegrand oder einen Laternenpfahl am Ende der Straße (Beinhart 2015: 32). Nur durch das Erreichen von Etappenzielen kann das Gesamtziel erreicht werden. Die Fragen für jede Szene lauten also: Welches Ziel haben die Figuren in dieser speziellen Szene? Was können sie gewinnen oder verlieren? Und auf welche Weise trägt die Szene zur Erreichung des Gesamtziels bei?

Im Prinzip funktioniert jede Szene auf der Mikroebene genauso wie die gesamte Geschichte auf der Makroebene. Am Anfang der Szene wird ein Problem aufgeworfen – es entsteht eine Situation, die aufgelöst werden muss. Im Mittelteil steht die Bemühung, das Problem in Angriff zu nehmen, Hindernisse zu überwinden und das Problem zu beseitigen, so dass am Ende der Szene die Auflösung stattfinden kann. Zuweilen wird das Set-up für die nächste Szene bereits in der vorhergehenden Szene vorbereitet (siehe Cliffhanger).

Eine Szene setzt vor allem dann Kräfte frei, wenn der Leser weiß, „dass die Geschichte von diesem Ereignis aus irgendwo hinführen muss. Sie kommt in Gang. Sie besitzt Antrieb" (Beinhart 2015: 61). Um alle relevanten Aspekte im Blick zu behalten, hat es sich bewährt, jede Szene nach einem bestimmten Schema zu analysieren, das gewissermaßen die Minimalanforderungen auf der Szenenebene beinhaltet. Dieses sieht wie folgt aus: Szenennummer, Szenentitel und -ziel, Ort und Zeit, Figuren und Handlung, Widerstände und Wendepunkt sowie Ein- und Ausstieg aus der Szene und Sonstiges.

Nach diesem Schema wurden die Texte analysiert, die sich im nächsten Teil des Buches finden. Dabei handelt es sich jedoch immer nur um eine exemplarische Darstellung. Analysiert man Texte auf der Mikroebene, lässt sich im Anschluss daran aus den gewonnenen Informationen ein gutes Makroschema ableiten und ein übersichtliches Eskalationsmodell skizzieren, so wie das für die untersuchten Texte gemacht wurde. Dabei wurden aus der detaillierten Analyse nur wenige repräsentative Szenen herausgegriffen, da aus Platzgründen nicht die gesamte Szenenstruktur anhand der Mikroszenen dargestellt werden kann.

4. Spannungsmittel (Übersicht)

Alle Elemente, die im Eskalationsmodell eine Rolle für den Aufbau von Spannung spielen, wurden in den einzelnen Kapiteln bereits behandelt. Deshalb werden sie an dieser Stelle nur summarisch und in allepr Kürze dargestellt, um sie in Erinnerung zu rufen und eine Übersicht zu geben. Selbstverständlich besteht weder ein Anspruch auf Vollständigkeit noch auf komplette Durchdringung der einzelnen Spannungsmittel, die in sich so komplex sind, dass jedes einer eigenen Abhandlung bedürfte.

Motive, Ziele, Bedürfnisse: Die Protagonisten einer Geschichte brauchen eine klare Ausrichtung. Motive, Ziele und Bedürfnisse sind aber nicht nur für diese Ausrichtung und das Streben der Charaktere von Bedeutung, sondern ebenso, weil sie Konflikt- und Spannungspotential bergen.

Widerstände, antagonistische Kräfte: Um Spannung aufzubauen, werden Kräfte benötigt, die verhindern, dass der Protagonist seine Ziele erreicht. Durch Kräfte, die in unterschiedliche Richtungen streben, entsteht Spannung, insbesondere dann, wenn die Kräfte etwa gleich groß sind. Ebenso bedeutend wie äußere Widerstände, die sich aus den unterschiedlichen Bestrebungen verschiedener Figuren oder den gesellschaftlichen Verhältnissen beziehungsweise der Umwelt ergeben, sind die antagonistischen Kräfte und Widerstände, die auf der innerpsychischen Ebene einzelner Figuren angesiedelt sind, wie beispielsweise Ambivalenzen oder Obsessionen. Und auch die Kluft zwischen Wunsch und Erfüllung birgt Spannungspotential.

Fallhöhe (Einsatz): Ziele, Bedürfnisse und Motive müssen so angelegt sein, dass ein Nichterreichen zum Zusammenbruch der Figuren führt oder zumindest einen großen Verlust darstellt beziehungsweise als massives Scheitern erlebt wird. Für die Protagonisten muss etwas auf dem Spiel stehen, sie müssen etwas zu verlieren haben, für den Fall, dass sie ihre Ziele nicht erreichen.

Identifikation, Immersion: Identifikation und Immersion sind wichtige Mittel, um eine Bindung zwischen dem Protagonisten und dem Rezipienten herzustellen, die wiederum die Basis dafür bildet, dass der Rezipient emotional involviert ist, die Ziele und Motive des Protagonisten übernimmt und somit ein Scheitern als eigenes Versagen erlebt. Sobald Emotionen beim Leser geweckt werden, steht sowohl für den Protagonisten als auch den Rezipienten etwas auf dem Spiel. Selbst im Fall einer eher kognitiven Spannung, wie etwa der Rätselspannung in der klassischen Kriminalliteratur, entsteht Spannung vor allem dann, wenn der

Leser an der Auflösung des Falles mindestens so stark interessiert ist wie der Protagonist.

Vorausdeutungen, Antizipation: Spannung entsteht dadurch, dass der Text gerade so viele Informationen gibt, dass der Leser ahnen kann, was passieren wird, wodurch seine Neugier angefacht wird. Dabei ist es zentral, die Balance zwischen Enthüllen und Verbergen gezielt einzusetzen, wobei auch ein Informationsvorsprung des Lesers im Verhältnis zum Protagonisten für Spannung sorgen kann. Um das Element der Vorausdeutung für den Spannungsaufbau zu nutzen, muss geschickt mit der Informationsdosierung gespielt werden, so dass für den Leser ein gewisses Spannungsniveau erhalten bleibt, weil immer Fragen offenbleiben, die ihn dazu bringen, weiter zu lesen, um die Antworten zu erfahren.

Time ticking, Verzögerung: Die einfachste Variante, Spannung auf der Zeitebene zu erzeugen, ist der sogenannte *time-ticking*-Faktor. Ein laufender Countdown erhöht die Spannung, weil er das Prinzip von Hoffen und Bangen auf die Spitze treibt. Dabei muss der *time-ticking*-Faktor nicht unbedingt explizit installiert werden, um Spannung zu erzeugen, sondern kann ebenso gut latent spürbar sein, wie beispielsweise bei einer Krankheit, für die gerade ein Medikament entwickelt wird. Neben dem Countdown spielt das Element der Verzögerung eines Geschehens eine wichtige Rolle. Die Verzögerung kann dabei ganz unterschiedlicher Natur sein. Es kann sich um zurückgehaltene Antworten handeln oder um das verzögerte Einlösen eines Versprechens.

Zeitsprünge: Auch Zeitsprünge können zur Spannung beitragen, indem sie Irritation auslösen und den Leser dazu zwingen, sich neu zu verorten. Das Element der Irritation, das aufgrund des Durchbrechens der Chronologie erzeugt wird, ist also ebenfalls geeignet, Spannung zu schaffen, da Irritation zu Ungewissheit und Unwägbarkeiten führt. Allerdings dürfen die Irritationen nicht wahllos sein und nicht zu Lasten der Orientierung gehen, da sonst Identifikation und Immersion darunter leiden.

Detaildichte, Genauigkeit: Eine Möglichkeit, die eigentliche Geschichte hinauszuzögern, besteht darin, viele Details zu geben, was insbesondere dann zur Spannungssteigerung beiträgt, wenn sowohl für den Protagonisten als auch den Rezipienten unklar ist, welches Detail für den

Fortgang der Geschichte relevant werden wird. Eine andere Option ist das Beschreiben von Nebensträngen, wodurch der Hauptstrang für die Zeit der Beschreibung nicht weitergeführt wird. Wie bei allen anderen Elementen geht es auch im Rahmen der Detaildichte darum, die Balance zu halten, da ein zu starkes Ausarbeiten der Nebenstränge zum Aufmerksamkeitsverlust führen kann. Deswegen sollte beim Beschreiten von Nebengleisen in jedem Fall deutlich werden, welchen Bezug diese zur eigentlichen Geschichte haben.

Dialoge, Subtext: Wichtig ist nicht nur das, was in der Geschichte steht – mindestens ebenso wichtig ist das, was nicht dort steht. Dies bezieht sich sowohl auf die Dialoge als auch auf die Handlung. Was die Personen sagen oder machen, ist mindestens so wichtig wie das, was sie verschweigen beziehungsweise unterlassen oder vermeiden. Subtext kann auch dann transportiert werden, wenn ein Widerspruch zwischen Dialog und Handlung entsteht oder die Figuren sich entgegen ihrer Motive und Ziele verhalten. Auch Atmosphärisches vermag der Subtext zu transportieren. Besonders deutlich wird das im filmischen Kontext, wenn beispielsweise eine bestimmte Musik bereits einen Schrecken vermittelt, der noch ungewiss ist.

Wendepunkte, Umbrüche: Auf der Plotebene sind Wendepunkte und Umbrüche, die die Geschichte in eine andere Richtung lenken, essentiell für den Aufbau von Spannung, weil sie Unerwartetes bergen und zur Entwicklung der Figuren beitragen und auf diese Weise neue Erzählstränge ermöglichen. Auch das *One-Way Gate*, das dem Überschreiten der ersten Schwelle in der Heldenreise von Campbell entspricht, könnte als ein spezieller Wendepunkt bezeichnet werden, nach dem es keinen Weg zurück gibt, weil sich danach sowohl die Ereignisse als auch die Situation nicht mehr umkehren lassen und die Protagonisten gezwungen sind, nach neuen Wegen und Lösungen zu suchen.

VII. Erzählungen als Beispiele

1. *Sommerhaus, später* (Hermann 1998)

Inhalt: Die Protagonisten der Erzählung *Sommerhaus, später* aus dem gleichnamigen Erzählband von Judith Hermann sind ein erzählendes Ich und ein Mann namens Stein. Während schnell deutlich wird, dass es sich bei Stein um einen männlichen Taxifahrer handelt, wird das Geschlecht des erzählenden Ichs bis zum Ende nicht explizit genannt, wobei anzunehmen ist, dass es sich um eine weibliche Person handelt, weswegen in der Folge von der Ich-Erzählerin oder dem erzählenden Ich die Rede sein wird. Handlungsorte sind Berlin-Kreuzberg und der fiktive Ort Canitz im Oderbruch.

Die Geschichte beginnt mit einem Telefonat zwischen Stein und dem erzählenden Ich, in dem Stein erklärt, sich ein Sommerhaus gekauft und sich damit einen Traum erfüllt zu haben. Vielleicht nicht nur seinen Traum, sondern zugleich den des erzählenden Ichs und ihrer Clique, wobei Stein sich das wünscht, ohne es jemals auszusprechen.

Nachdem sie sich zwei Jahre lang nicht gesehen haben, überredet Stein das erzählende Ich, sich das Haus anzusehen, und holt es in seinem Taxi ab. Während der Fahrt erinnert sich die Ich-Erzählerin an die Zeit, in der Stein zu ihrer Clique stieß, die in erster Linie Drogen konsumierte und sich amüsierte. Stein wohnte abwechselnd bei einem von ihnen und schlief mit den Frauen der Clique. Obwohl er sich sehr darum bemühte, Teil der Clique zu werden, gehörte er nie wirklich dazu.

Das gekaufte Sommerhaus erweist sich als stark renovierungsbedürftig und Stein scheint dort ebenso wenig willkommen zu sein wie früher in der Clique. Dennoch möchte er, wie sich durch Andeutungen im Verlauf der Geschichte herausstellt, mit der Ich-Erzählerin in dem Haus wohnen. Sie teilt Steins Begeisterung für das Haus allerdings nicht und will sich überdies auf nichts festlegen. Das erzählende Ich weicht allen Entscheidungen aus und verschiebt sie auf ein unbenanntes Später.

Nachdem das erzählende Ich wieder in seiner Wohnung ist, informiert Stein es durch Postkarten über den Stand der Renovierung und schreibt von einer gemeinsamen Zukunft, ohne das erzählende Ich explizit aufzufordern, zu ihm ins Haus zu kommen. Die Ich-Erzählerin, die auf eine direkte Aufforderung Steins zu warten scheint, zögert weiterhin jegliche Entscheidung hinaus und antwortet nicht auf die Karten.

Eines Tages erhält das erzählende Ich statt einer Postkarte einen Brief mit einem Zeitungsartikel, in dem steht, dass das Haus abgebrannt und der Besitzer verschwunden sei. Der Brief trägt den Poststempel von Stralsund, Stein hat handschriftlich ein Datum vermerkt. Das erzählende Ich legt den Brief in die Küchenschublade neben die Postkarten und den Schlüsselbund vom Haus und verharrt damit konsequent in seiner passiven Rolle. Alles Weitere bleibt offen, auch ob Stein noch lebt.

Aufbau und Struktur: Die Erzählung *Sommerhaus, später* ist achtzehn Seiten lang. Für das Eskalationsmodell wurden insgesamt dreiundzwanzig Szenen identifiziert. Von sechs Spannungsplateaus abgesehen, auf denen Informationen über die frühere Beziehung zwischen dem erzählenden Ich und Stein gegeben werden, steigt die Spannung mit jeder Szene an. Die gewohnte Welt des erzählenden Ichs verändert sich mit dem Anruf von Stein, in dem er verkündet, *das* Haus gefunden und gekauft zu haben (Szene 1).

Die Vorgeschichte zu Steins Haussuche (Szene 2) dient zunächst vor allem als Hintergrundinformation und führt deswegen zu keinem direkten Spannungsanstieg. Dennoch wird das Spannungsplateau gehalten, weil die gegebenen Informationen sowohl für die Entwicklung der Geschichte als auch zum Verständnis der Beziehung essentiell sind. Die Aufforderung Steins, das erzählende Ich solle sich das Haus ansehen (Szene 3), weckt zwar Neugier, führt allerdings ebenfalls nur zu einem weiteren Spannungsplateau und nicht zu einem unmittelbaren Spannungs-

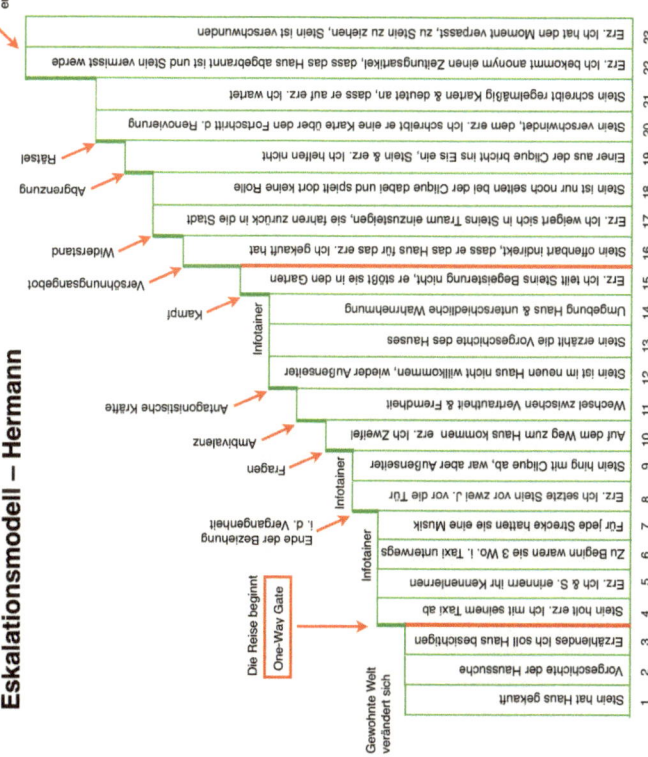

anstieg, weil sie vorerst nur das Versprechen einer spannenden Geschichte ist. Die dritte Szene besitzt also durchaus Spannungspotential, aber noch keine spannungssteigernde Dramatik.

Sobald das erzählende Ich in Steins Taxi steigt (Szene 4), ist das *One-Way Gate* durchschritten, die Spannung steigt, die Geschichte ist in Bewegung gekommen, die Protagonisten handeln und es wird eine Veränderung in Aussicht gestellt. Dass die vom erzählenden Ich getroffene Entscheidung zu einer Wende führen wird, erscheint unausweichlich, und deswegen ist es auch möglich, die nächsten drei Szenen (5 bis 7) auf einem Spannungsplateau zu halten, um weitere Informationen aus der Vergangenheit im Text zu platzieren.

In der achten Szene kommt es wieder zu einem Spannungsanstieg. Obwohl der Bruch, der den Spannungsanstieg bewirkt, in der Vergangenheit liegt, besitzt er Brisanz, weil das erzählende Ich den Taxifahrer vor zwei Jahren aus der Wohnung geschmissen hat, was zu der Frage führt, warum das erzählende Ich sich dennoch zur Hausbesichtigung hat überreden lassen und zu Stein ins Taxi gestiegen ist. Diese Spannung wird in der übernächsten Szene (Szene 10) weiter gesteigert, weil sich das erzählende Ich eben genau diese Frage selbst stellt und bei ihm die Zweifel aufkommen, die der Leser zwei Szenen zuvor bereits antizipiert hat. Szene 9 fungiert eher als Verbindungsszene und vermag deswegen lediglich das Spannungsniveau zu halten, nicht aber zu steigern.

Sowohl die elfte als auch die zwölfte Szene treiben die Geschichte sodann voran und damit die Spannung in die Höhe. Hier zahlen sich die zur Vorgeschichte gegeben Informationen aus; Stein scheint in dem neuen Haus ebenso wenig willkommen wie damals in der Clique des erzählenden Ichs, dessen Ambivalenz in diesen beiden Szenen besonders deutlich wird. Szene 13 und 14 halten das Spannungsniveau, indem in ihnen die Vorgeschichte des Hauses erzählt wird, die notwendig ist, um den Kampf in der fünfzehnten Szene vorzubereiten, der zu einem Spannungsanstieg führt und in erster Linie darauf beruht, dass das erzählende Ich Steins Begeisterung für das Haus nicht teilt, was Stein verärgert.

Die unterschiedlichen Wahrnehmungen ob des Hauses und der daraus entstehende Streit sind wiederum die Voraussetzung für das Spannungspotential, das in Szene 16 aufgebaut wird. In dieser Szene offenbart Stein indirekt, dass er das Haus für das erzählende Ich gekauft hat. Die Weigerung des erzählenden Ichs, in Steins Traum einzusteigen, führt zu einem weiteren Spannungsanstieg (Szene 17).

Danach ist Stein nur noch selten bei den Aktivitäten der Clique dabei (Szene 18), was allerdings vorerst wenig Dramatik besitzt, weswegen ein weiteres Spannungsplateau entsteht, auf das allerdings die nächste dramatische Wendung folgt (Szene 19), die dadurch zustande kommt, dass ein Mitglied der Clique beim winterlichen Schlittschuhlaufen ins Eis einbricht, was Stein und das erzählende Ich mit einer Gleichgültigkeit beantworten, die Fragen aufwirft.

Der letzte Anstieg der Spannung vor dem finalen Spannungsanstieg findet sich in Szene 20. Dabei handelt es sich um eine Rätselspannung, die entsteht, weil Stein verschwindet und dem erzählenden Ich nur noch Postkarten schickt (Szene 21), in denen er es über den Stand der Renovierungen informiert. Der Showdown mit einem doppelten Spannungsanstieg findet sich dann in der vorletzten Szene (22), in der das erzählende Ich einen Brief mit einem Zeitungsartikel bekommt, in dem steht, dass das Haus abgebrannt und der Besitzer verschwunden sei. Die letzte Szene (Szene 23) ist dann nur noch ein melancholischer Ausklang, der das Spannungsplateau allerdings zu halten vermag, da die Szene verdeutlicht, dass das erzählende Ich seine Chance verpasst hat.

Beispielszenen: Um einen Einblick in die Mikrostruktur zu geben, wurden die Szenen 1, 4, 15, 22 und 23 ausgewählt. Die ersten und die letzten zwei Szenen, um den Spannungsbogen der Geschichte deutlich zu machen – vom Kauf des Hauses bis zu dessen Vernichtung durch einen Brand, der zugleich das Ende der Beziehung darstellt, vielleicht sogar das Ende von Steins Leben, was allerdings offenbleibt. Szene 4 ist deswegen zentral, weil sie der Geschichte die entscheidende Wendung gibt und das *One-Way Gate* markiert: Als das erzählende Ich in Steins Taxi steigt, um das Haus zu besichtigen, gibt es keinen Weg zurück. Szene 15 scheint deshalb relevant zu sein, weil in ihr die Kluft zwischen Stein und dem erzählenden Ich deutlich wird, sowohl ihr Verhalten als auch ihre Wahrnehmung betreffend. Die Szenen 22 und 23 bilden den Spannungsgipfel, weil das Haus abbrennt und Stein verschwindet, was das erzählende Ich seltsam gleichgültig aufnimmt.

Szenennummer: 1

Szenentitel: Telefonat Stein & erzählendes Ich.

Szenenziel: Stein meldet sich nach einiger Zeit bei dem erzählenden Ich. Er hat *das* Haus gefunden.

Ort: Kein konkreter Ort; der weiteren Geschichte zufolge aber vermutlich Berlin.

Zeit: Dezember.

Figuren: Stein, erzählendes Ich.

Handlung: Stein hat *das* Haus gefunden und ruft das erzählende Ich, scheinbar nach längerer Zeit, an.

Widerstände: Misstrauen des erzählenden Ichs, das wissen will, warum Stein ausgerechnet bei ihm anruft.

Wendepunkt: Stein hat *das* Haus gefunden und es klingt, als habe er lange danach gesucht.

Einstieg: Stein findet *das* Haus.

Ausstieg: Stein ist gereizt.

Sonstiges: Viele offene Fragen, unter anderem, warum das erzählende Ich überhaupt in Steins Taxi steigt.

Szenennummer: 4

Szenentitel: Stein holt das erzählende Ich mit seinem Taxi ab.

Szenenziel: Stein und das erzählende Ich machen sich in Steins Taxi auf den Weg zum Haus.

Ort: Berlin.

Zeit: Dezember.

Figuren: Stein, erzählendes Ich.

Handlung: Stein holt das erzählende Ich ab. Nachdem sich das erzählende Ich ein wenig gesträubt hat, fahren sie los.

Widerstände: Das erzählende Ich ist genervt und widersetzt sich zunächst.

Wendepunkt: Das erzählende Ich steigt in Steins Taxi.

Einstieg: Fünf Minuten nach dem Telefongespräch ist Stein bereits beim erzählenden Ich.

Ausstieg: Das erzählende Ich kurbelt das Fenster herunter.

Sonstiges: Die Reise beginnt.

Szenennummer: 15

Szenentitel: Das Haus.

Szenenziel: Haus und Garten werden beschrieben.

Ort: Canitz.

Zeit: Dezember.

Figuren: Stein, erzählendes Ich.

Handlung: Stein führt das erzählende Ich durch das baufällige Haus, bei dem es sich um ein zweistöckiges Gutshaus handelt.

Widerstände: Das erzählende Ich weigert sich, Steins Begeisterung zu teilen.

Wendepunkt: Stein stößt das erzählende Ich die Treppe nach unten in den Garten.

Einstieg: Das Haus sieht aus, als würde es jeden Moment zusammenfallen.

Ausstieg: Das erzählende Ich landet im Garten.

Sonstiges: Der Konflikt spitzt sich zu.

Szenennummer: 22

Szenentitel: Der Brand.

Szenenziel: Aufwerfen der Frage, ob Stein sein Haus selbst angezündet hat.

Ort: Berlin.

Zeit: Mai des Folgejahres.

Figuren: Erzählendes Ich, Mann aus der Clique.

Handlung: Das erzählende Ich liegt bei einem Mann aus der Clique im Bett und liest den Zeitungsausschnitt, den Stein seinem Brief beigelegt hat. Das Haus ist abgebrannt, der Besitzer wird vermisst.

Widerstände: Das erzählende Ich will nicht wahrhaben, was passiert ist.

Wendepunkt: Der Poststempel ist aus Stralsund.

Einstieg: Es kommt ein Brief statt einer Karte.

Ausstieg: Vielleicht befindet sich der vermisste Stein noch in Stralsund oder er ist tot.

Sonstiges: Die Tragik der Geschichte erreicht den Höhepunkt.

Szenennummer: 23

Szenentitel: Später.

Szenenziel: Verpasste Momente aufzeigen.

Ort: Berlin.

Zeit: Mai des Folgejahres.

Figuren: Erzählendes Ich, Mann aus der Clique.

Handlung: Das erzählende Ich verlässt das Bett, steht stumpfsinnig vor dem Herd und legt den Brief schließlich in die Küchenschublade zu den Karten.

Widerstände: Das erzählende Ich ist nicht bereit, sich auf die Suche nach Stein zu begeben.

Wendepunkt: Dass das erzählende Ich ein „Später" in Aussicht stellt, obwohl doch alles zu Ende scheint.

Einstieg: Das erzählende Ich verlässt das Bett.

Ausstieg: Das erzählende Ich denkt: später.

Sonstiges: Die Passivität des erzählenden Ichs, die sich durch die gesamte Geschichte zieht, wird am Ende noch einmal besonders deutlich.

Gesamtanalyse: Die Geschichte ist eine skelettartige Erzählung des Enthüllens und Verbergens, die mit Rückblenden und Zeitsprüngen arbeitet, wobei der Text von einer eher emotionsarmen und einfachen Sprache getragen wird. Das Haus dient genau genommen nur als Aufhänger für eine Beziehungsgeschichte zwischen dem Taxifahrer Stein und dem erzählenden Ich. Zu Spannungsplateaus kommt es immer dann, wenn Informationen gegeben werden, ein Spannungsanstieg erfolgt meist dann, wenn es um emotionale und sinnliche Aspekte der Geschichte respektive der Beziehung zwischen den Protagonisten geht.

Spannung wird vor allem dadurch erzeugt, dass immer wieder aufs Neue Fragen aufgeworfen werden, die zum Teil offenbleiben oder bei denen durch Ambivalenzen und Widersprüche Zweifel an den Antworten aufkommen. Dass die Geschichte mit Zeitsprüngen und Rückblenden arbeitet, führt zu einer Verzögerung der Dynamik, da einige Szenen erforderlich sind, um die Vorgeschichte zu erzählen. Spannung wird immer dann aufgebaut, wenn es zum Wechsel von Abwehr und Versöhnung zwischen Stein und dem erzählenden Ich kommt.

Die Hauptspannung entsteht durch das unklare Verhältnis zwischen Stein und dem erzählenden Ich – sowohl in der Vergangenheit als auch in der Gegenwart. Der Subtext trägt ebenfalls zur Spannungserzeugung bei. Viele Gedanken und Emotionen der Protagonisten schimmern durch, sowohl in den Dialogen als auch der Handlung. Durch das offene Ende bleibt die Spannung bis zum Schluss und sogar darüber hinaus erhalten. Der Einsatz des Hauptprotagonisten Stein ist sehr hoch, wodurch die Fallhöhe ebenfalls groß ist: Stein kauft ein Haus und hofft, mit dem erzählenden Ich dort einziehen zu können. Nachdem dies nicht geschieht, verbrennt das Haus auf unklare Weise und Stein verschwindet oder ist tot.

2. *Wir fliegen* (Stamm 2008)

Inhalt: In der Erzählung *Wir fliegen* aus dem gleichnamigen Erzählband von Peter Stamm wartet die Erzieherin Angelika darauf, dass die Kinder der Tagesstätte von ihren Eltern abgeholt werden. Dominics Eltern tauchen allerdings auch eine Stunde nach Schließung der Tagesstätte noch nicht auf und nachdem die Erzieherin die Eltern nicht erreichen kann und ihnen auf die Mailbox gesprochen hat, hinterlässt sie einen Zettel an der Eingangstür der Tagesstätte und nimmt den Jungen mit zu sich nach Hause.

Während sie sich auf dem Heimweg noch stolz fühlt, fast so, als wäre Dominic ihr Sohn, endet dieses Hochgefühl, als sie nach Hause kommt und Dominic sich als schwieriges Kind erweist. Als Angelikas Freund Benno, der nichts von Angelikas Kinderwunsch weiß, dazukommt, spitzt sich die Situation weiter zu. Zunächst benimmt Benno sich ebenso kindisch wie Dominic und animiert ihn sogar zu schlechtem Benehmen, doch dann wird er zunehmend zynisch, bis er sich schließlich einen Krimi ansieht und den Jungen ignoriert.

Als Angelika sich zu Benno setzt, will er Sex. Nachdem sie ihn mit Verweis auf den Jungen von sich gestoßen hat, wendet Benno sich erneut dem Jungen zu und fragt ihn, woher die Babys kommen und andere unangemessene Dinge. Dominic antwortet zwar, sagt dann aber für den Rest des Abends kaum noch ein Wort, bis seine Mutter anruft, sich entschuldigt und Dominic kurz darauf abholt. Als Benno danach erneut versucht, mit Angelika zu schlafen, reißt sie sich los, sperrt sich im Badezimmer ein und vergräbt ihr Gesicht in den Händen.

Aufbau und Struktur: Die Erzählung *Wir fliegen* ist elf Seiten lang. Für das Eskalationsmodell wurden insgesamt sechzehn Szenen identifiziert. Abgesehen von drei kurzen Spannungsplateaus, von denen das erste dem Aufbau der gewohnten Welt dient und die anderen Übergangsszenen darstellen, steigt die Spannung mit jeder Szene kontinuierlich an, bis sie ihren Höhepunkt im zerplatzten Traum der Protagonistin findet. Die gewohnte Welt verändert sich in den ersten drei Szenen graduell. Nachdem Dominic in der ersten Szene nicht abgeholt wird, versucht die Erzieherin Angelika in der zweiten erfolglos, die Eltern zu erreichen und verschiebt in der dritten ihre Verabredung mit ihrem Freund Benno.

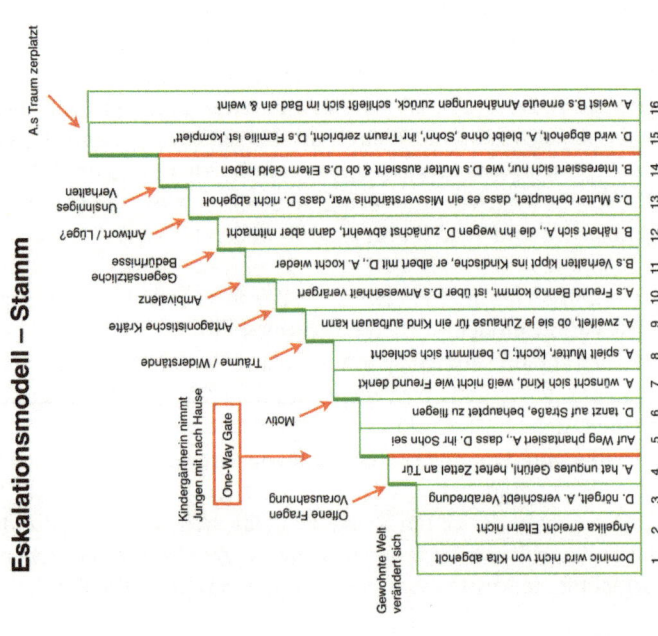

Die vierte und fünfte Szene markieren das *One-Way Gate*, weil Angelika entscheidet, den Jungen mit zu sich nach Hause zu nehmen. Dadurch kommt die Geschichte in Gang und die Spannung steigt zum einen dadurch, dass der Leser antizipiert, was das für Folgen haben könnte, und zum anderen durch das ungute Gefühl, das die Erzieherin ob ihrer eigenen Entscheidung hat. Außerdem entstehen durch Angelikas Handeln offene Fragen, zum Beispiel weshalb sie den Jungen mit nach Hause nimmt und warum Dominic auf der Straße tanzt und dabei behauptet, fliegen zu können (Szene 6).

In Szene 7 und 8 wird zumindest die Frage des Motivs geklärt: Angelika wünscht sich selbst ein Kind, weiß allerdings nicht, wie ihr Freund dazu steht und ob sie selbst in der Lage wäre, einem Kind ein geschütztes Heim zu bieten. Sie spielt Mutter (Szene 8) und kocht für Dominic und wird zugleich von ihren Zweifeln umgetrieben (Szene 9), die noch stärker werden, als ihr Freund Benno kommt und zunächst ungehalten über Dominics Anwesenheit ist (Szene 10). Der Spannungsanstieg in diesem Szenenblock entsteht hauptsächlich durch die Träume und Widerstände sowie die Zweifel und Ambivalenzen, sowohl in der Protagonistin selbst als auch in der Beziehung zu ihrem Freund.

Das Spiel zwischen den antagonistischen Kräften und den unterschiedlichen Bedürfnissen von Angelika, Benno und Dominic steigert die Spannung auch in den Szenen 11 bis 14, zumal in Szene 13 noch eine vermeintliche Lüge von Dominics Mutter hinzukommt, welche behauptet, es handele sich um ein Missverständnis, dass ihr Sohn bisher nicht abgeholt wurde, und in Szene 14 Bennos unsinniges Verhalten, da er sich vor allem für das Aussehen von Dominics Mutter interessiert und dafür, ob die Eltern Geld haben, nicht aber dafür, ob und wann der Junge endlich abgeholt wird.

Der Spannungshöhepunkt erfolgt in Szene 15, in der Angelika mit Benno allein in ihrer Wohnung zurückbleibt und nicht mehr phantasieren kann, dass Dominic ihr Sohn ist. Dominics Familie ist komplett und weder er noch seine Mutter drehen sich nach Verlassen des Wohnhauses noch einmal nach Angelika um. Diese weist Bennos erneute Annäherungsversuche zurück, schließt sich im Badezimmer ein und weint (Szene 16), was das tragische Ende komplettiert.

Beispielszenen: Ausgewählt wurden die Szenen 4, 5, 9, 12 und 16. Die vierte und fünfte Szene zeigen gut, wie Angelikas gewohnte Welt zunehmend ins Wanken gerät. Zudem beinhalten sie bereits eine Vorausahnung sowie das Motiv der Protagonistin, den Jungen mitzunehmen. Szene 9 ist deshalb relevant und kann als stellvertretend für andere Szenen angesehen werden, weil in ihr der innerpsychische Konflikt der Protagonistin deutlich wird: Der Wunsch nach einem Kind und die Angst, ihm nicht gerecht zu werden. Szene 12 zeigt, dass neben Angelikas innerem Konflikt auch ein äußerer besteht, da ihr Freund zu unreif für ein Kind erscheint. Szene 16 veranschaulicht schließlich, dass die Geschichte nur ein Traum für einen Abend war, eine Phantasie Angelikas, die nicht aufrechterhalten werden kann, nachdem Dominic von der Mutter abgeholt wurde.

Szenennummer: 4

Szenentitel: Ein ungutes Gefühl.

Szenenziel: Angelika ist zunehmend beunruhigt.

Ort: Kindergarten.

Zeit: Zwischen sieben und halb acht Uhr abends.

Figuren: Angelika, Dominic.

Handlung: Angelika wartet auf Dominics Eltern. Alle fünf Minuten beschließt sie zu gehen, bleibt dann aber doch. Schließlich schreibt sie den Eltern ihre Handynummer auf einen Zettel, den sie an die Tür der Kindertagesstätte heftet, und nimmt Dominic mit zu sich nach Hause.

Widerstände: Auch Angelikas Chefin ist nicht zu erreichen.

Wendepunkt: Angelika beschließt, nicht länger zu warten.

Einstieg: Die Mutter bringt den Jungen normalerweise in die Tagesstätte und der Vater holt ihn ab.

Ausstieg: Angelika heftet den Zettel mit ihrer Handynummer an die Tür.

Sonstiges: Eine dunkle Vorahnung beschleicht Angelika, was beim Leser zu Neugier und antizipativen Gedanken führt und Spannung erzeugt.

Szenennummer: 5

Szenentitel: Angelika phantasiert.

Szenenziel: Angelika fühlt sich, als wäre sie mit ihrem eigenen Kind unterwegs.

Ort: Straßenbahn.

Zeit: Nach halb acht Uhr abends.

Figuren: Dominic, Angelika.

Handlung: Angelika fährt mit Dominic in der Straßenbahn zu sich nach Hause. Der Junge spielt das „Warum-Spiel".

Widerstände: Der Junge stellt unablässig Fragen und beginnt schon hier, ein wenig unbequem zu werden.

Wendepunkt: Angelikas Umdeutung der Situation, die dazu führt, dass sie sich vorstellt, Dominic sei ihr Sohn.

Einstieg: Angelika vergleicht die Situation mit den normalen Kindergartenausflügen.

Ausstieg: Angelika sagt, dass sie zu ihr nach Hause gehen.

Sonstiges: Es wird die Frage aufgeworfen, ob sich die Erzieherin ein eigenes Kind wünscht. Die Antwort scheint naheliegend, zumal sie den Jungen mit nach Hause genommen hat und wie ihren eigenen behandelt.

Szenennummer: 9

Szenentitel: Angelikas Traum.

Szenenziel: Angelika fragt sich, ob sie einem Kind je ein gutes Zuhause wird bieten können.

Ort: Angelikas Wohnung.

Zeit: Zwischen halb acht und halb neun Uhr abends.

Figuren: Dominic, Angelika.

Handlung: Angelika denkt an ihr Elternhaus und findet ihre Wohnung plötzlich hässlich.

Widerstände: Angelikas Sorge, einem Kind kein gutes Zuhause bieten zu können.

Wendepunkt: Angelika betrachtet ihr Zuhause mit einem Mal abfällig.

Einstieg: Ihre Wohnung kommt ihr plötzlich ungemütlich vor.

Ausstieg: Angelika hat das Gefühl, dass es ihr an Sicherheit und Liebe mangelt und sie deswegen keine gute Mutter sein kann.

Sonstiges: Angelika schlüpft zunehmend in ihre phantasierte Welt und das von ihr begonnene Mutter-Sohn-Spiel.

Szenennummer: 12

Szenentitel: Benno will Spaß mit Angelika.

Szenenziel: Bennos mangelndes Verantwortungsbewusstsein dem Jungen gegenüber.

Ort: Angelikas Wohnung.

Zeit: Zwischen halb neun und neun Uhr abends.

Figuren: Angelika, Dominic, Benno.

Handlung: Benno beginnt Angelika zu begrapschen und versucht, ihre Bluse zu öffnen. Er will sich seinen Spaß von dem Jungen nicht verderben lassen und zeigt sich wenig verantwortungsbewusst.

Widerstände: Erst wehrt Angelika sich gegen Bennos Annäherungsversuche.

Wendepunkt: Schließlich umarmt Angelika Benno doch und verflucht dabei Dominic ebenfalls.

Einstieg: Dominic will nach dem Essen weiterspielen, aber Benno will fernsehen.

Ausstieg: Dominic erklärt, dass er aus dem Bauch seiner Mutter gekommen ist und sehr winzig war.

Sonstiges: Benno wirkt selbst wie ein Kind und viel zu unreif, um ein guter Vater zu sein.

Szenennummer: 16

Szenentitel: Angelikas Enttäuschung und Einsamkeit.

Szenenziel: Angelikas Traum von einer Familie erweist sich als das, was er war: ein Traum für einen Abend.

Ort: Angelikas Wohnung.

Zeit: Nach neun Uhr abends.

Figuren: Angelika, Benno.

Handlung: Während Benno duscht, öffnet Angelika das Geschenk, das Dominics Mutter als Dankeschön mitgebracht hat. Ein Parfüm. Als Benno mit ihr schlafen will, schließt sie sich im Bad ein.

Widerstände: Angelika entzieht sich Benno.

Wendepunkt: Angelika schließt sich im Bad ein und weint.

Einstieg: Benno duscht.

Ausstieg: Angelika sitzt im Bad, das Gesicht in den Händen verborgen.

Sonstiges: Es wird klar, wie weit Angelika von ihrem Traum entfernt ist.

Gesamtanalyse: Auf den ersten Blick scheint es sich um eine einigermaßen banale Geschichte zu handeln, die allerdings als Blaupause für wichtige Themen dient, wie etwa die Beziehungsgestaltung, die Elternschaft und Verantwortung sowie Werte und Moralvorstellungen. Ein einziger Abend, der damit beginnt, dass ein Kind nicht rechtzeitig von der Tagesstätte abgeholt wird, erweist sich als Drama, das sowohl das Selbstverständnis einer jungen Frau als auch ihre damit verbundenen Träume in Frage stellt.

Obwohl Stamm die Leser in seiner Erzählung des Öfteren auf verschiedene Fährten lockt und immer neue Fragen aufwirft, bleibt der rote Faden der Geschichte erhalten. Spannung wird vor allem durch den Subtext generiert und dadurch, dass viele Fragen offenbleiben und wichtige Themen nicht direkt verhandelt werden. Im Mittelpunkt stehen die inneren und äußeren Konflikte sowie Ambivalenzen der Protagonistin, die in unterschiedlichen Facetten durchgespielt werden und auf diese Weise zum Spannungsanstieg beitragen.

Der Text ist atmosphärisch sehr dicht, was ebenfalls zum Spannungsaufbau führt. Die Kluft zwischen Wunsch und Erfüllung ist in dieser Geschichte für die Protagonistin besonders groß und wächst im Verlauf der Erzählung immer weiter an. Das gleiche gilt für die Widerstände, die der Wunscherfüllung entgegenstehen und zu einem Zustand zwischen Hoffen und Bangen führen. Immer wieder werden Muster gebrochen und der Umstand, dass der Junge endlich von seinen Eltern abgeholt werden soll, trägt zu einer Art *time-ticking*-Faktor bei, der durch das Kommen von Angelikas Freund noch verstärkt wird, weil dieser nur darauf zu warten scheint, dass er Angelika endlich für sich allein hat, um seine eigenen sexuellen Bedürfnisse zu befriedigen.

3. *Ungewollter Schwangerschaftsabbruch* (Gavalda 2002)

Inhalt: In Anna Gavaldas Erzählung *Ungewollter Schwangerschaftsabbruch* aus dem Erzählband *Ich wünsche mir, daß irgendwo jemand auf mich wartet* geht es um den Schwangerschaftsverlauf einer Frau, die bereits Mutter eines kleinen Sohnes ist. Die Handlung startet mit der Vermutung der Frau, wieder schwanger zu sein, wobei sie den Schwangerschaftstest unerklärlich lange hinauszögert und sich durch Alltagstätigkeiten scheinbar ablenken lässt.

Nachdem das Ergebnis des Schwangerschaftstests positiv ausgefallen ist, weiht die Frau ihren Mann und ihren Sohn ein, die sich beide freuen, und beginnt, Ratgeber zu lesen, die sie noch aus der Zeit der ersten Schwangerschaft hat, wobei sie bewusst darauf verzichtet, sich über mögliche Komplikationen zu informieren. Zudem denkt sie die ganze Zeit über die Hochzeit ihrer Cousine nach, an deren Planung sie beteiligt ist und bei der ihr Sohn eines der Blumenkinder sein wird.

Im dritten Monat geht sie zur Vorsorgeuntersuchung zu dem Frauenarzt, der ihr erstes Kind zur Welt gebracht hat, wobei sie übermäßig aufgeregt ist. Der Arzt lässt sie die Herztöne des Fötus hören und zeigt ihr das Ultraschallbild des Ungeborenen, auf das die Schwangere erstaunlich nüchtern und sachlich reagiert.

Kurz darauf sucht die Frau eine Boutique für werdende Mütter auf, um sich ein Kleid für die bevorstehende Hochzeit der Cousine zu kaufen, wobei sie überlegt, wie sinnvoll ein solcher Kauf ist, da sie das Kleid vermutlich nur einmal tragen kann, was darauf hindeutet, dass sie nach dieser Schwangerschaft offensichtlich keine weiteren Kinder haben möchte. Schließlich lässt sie sich von der Verkäuferin doch zum Kauf des Schwangerschaftskleides überreden.

Bei der zweiten Vorsorgeuntersuchung im fünften Monat verzichtet die Frau darauf, sich das Geschlecht des ungeborenen Kindes sagen zu lassen, weil sie sich überraschen lassen will. Als sie für die Hochzeit der Cousine für ihren Sohn Schuhe kauft, verspürt sie plötzlich einen heftigen Schmerz im Bauch, den sie allerdings überspielt, um niemanden zu beunruhigen, inklusive sich selbst. Parallel dazu richtet ihr Mann das Kinderzimmer für das Baby ein.

Bei der Untersuchung im sechsten Monat, die die Frau wegen der Hochzeitsvorbereitung für ihre Cousine eigentlich als lästig empfindet, erfährt sie, dass das Baby tot ist. Geschockt spielt sie im Kopf alles durch, was sie jetzt erwartet. Weil sie aber die Hochzeit ihrer Cousine nicht verderben will, zieht sie das dafür gekaufte Kleid an, geht mit ihrem Sohn zu der Feier und verschweigt ihr Unglück, selbst dann noch, als eine Fremde ihr die Hand auf den Bauch legt und Glück für das Baby wünscht.

Aufbau und Struktur: Die Erzählung *Ungewollter Schwangerschaftsabbruch* ist dreizehn Seiten lang. Für das Eskalationsmodell wurden insgesamt sechzehn Szenen identifiziert. Es gibt Spannungsplateaus, auf denen das Hinauszögern des Schwangerschaftstests und der unspektakuläre Fortgang der Schwangerschaft beschrieben werden. Neben der Stimme der Schwangeren gibt es eine Erzählerstimme, die unter Umständen mit den Gedanken der Schwangeren gleichgesetzt werden könnte und die die Geschichte mit einer Provokation in der ersten Szene eröffnet.

Szene 2 und Szene 3, in denen die potentiell Schwangere den Schwangerschaftstest kauft, tragen nur bedingt zur Spannungssteigerung bei, indem eine Ambivalenz der Protagonistin bezüglich der Schwangerschaft vermuten werden kann. Nach der dritten Szene wird das *One-Way Gate* durchschritten, da sich die Vermutung der Protagonistin ob der Schwangerschaft bewahrheitet und ihre Ambivalenz sich erneut darin zeigt, dass sie die Schwangerschaft zunächst vor ihrem Mann und ihrem Sohn geheim hält (Szene 4). In der fünften Szene erscheint die Erzählerstimme wieder und erklärt, dass Schwangere so auf ihre Schwangerschaft fixiert seien, dass sie nichts anderes mehr wahrnehmen würden.

Es folgt die Bekanntgabe der Schwangerschaft dem Sohn und Mann gegenüber (Szene 6) sowie die erste Vorsorgeuntersuchung im dritten Monat (Szene 7), der Kauf des Kleides für die Hochzeit der Cousine (Szene 8) und die Vorsorgeuntersuchung im fünften Monat (Szene 9). Da dies alles in relativ sachlichem Ton beschrieben wird, ist kein Spannungsanstieg spürbar. Lediglich die Vorahnung, dass das alles nicht ohne Grund in dieser Ausführlichkeit erzählt wird und der Fortgang der Geschichte womöglich eine Wende bringen wird, vermag das Spannungsniveau zu halten.

Die Wende erfolgt dann in der zehnten Szene, in der die Frau einen heftigen Stoß in ihrem Bauch spürt, der, wenn auch nicht explizit benannt, ein Vorbote für einen ungünstigen Schwangerschaftsverlauf darstellen könnte. Dennoch geht es auch an diesem Punkt zunächst harmlos weiter: Der Mann richtet in der elften Szene das Zimmer für das Baby ein und die Hochzeitsvorbereitungen für die Cousine werden beschrieben (Szene 12). Diese Harmlosigkeit wird in der dreizehnten Szene dann von einem Paukenschlag abgelöst: Bei der Vorsorgeuntersuchung im sechsten Monat bestätigt sich die Vorahnung aus der zehnten Szene: Das Baby ist tot.

Doch wieder erzählt die Protagonistin niemandem davon, sondern phantasiert nur für sich selbst, was eine Totgeburt bedeutet, während sie auf der Handlungsebene weiter an den Hochzeitsvorbereitungen teilnimmt (Szene 14 und 15). Die letzte Szene (16) beinhaltet dann wieder einen Höhepunkt. Da die Frau allen vorspielt, weiterhin schwanger zu sein, muss sie es sich gefallen lassen, dass eine Fremde ihr die Hand auf den Bauch legt und Glück für das Baby wünscht. Die Tragik und Ironie dieser Geste ist der Höhepunkt der Geschichte.

Beispielszenen: Exemplarisch herausgegriffen werden die Szenen 2, 4, 10 und 16. In der zweiten Szene wird deutlich, dass die Autorin Fragen aufwirft, ohne sie zu beantworten, und dass sich dadurch ein Raum für Vorahnungen öffnet. Neben den offenen Fragen schwebt die Ambivalenz der Schwangeren über dem Text, was in Szene 4 gut zu sehen ist. Szene 10 verdeutlicht den Subtext, der unter den nüchternen Beschreibungen der Alltagsvorgänge liegt, und in der letzten Szene (Szene 16) wird die ganze Tragweite und Ironie der Geschichte deutlich.

Szenennummer: 2

Szenentitel: Kauf des Schwangerschaftstests.

Szenenziel: Ambivalenz ob der Schwangerschaft.

Ort: Kein konkreter Ort.

Zeit: Keine konkrete Zeit.

Figuren: Die potentiell Schwangere.

Handlung: Die unbekannte Protagonistin glaubt, schwanger zu sein, will den Schwangerschaftstest allerdings noch nicht durchführen. Sie hat bereits ein Kind, von dem man das Alter vorerst nicht erfährt. Schließlich wartet sie doch nicht mehr, sondern rennt zu einer Apotheke, in der man sie nicht kennt, wobei unklar bleibt, warum sie ausgerechnet in diese geht.

Widerstände: Ambivalenz der Protagonistin bezüglich der Frage, ob sie den Schwangerschaftstest gleich durchführen oder ein paar Tage warten soll.

Wendepunkt: Schließlich rennt sie doch zur Apotheke.

Einstieg: Die Protagonistin ist wie alle anderen.

Ausstieg: Das Herz der Protagonistin rast, als sie den Schwangerschaftstest kauft.

Sonstiges: Nach der zweiten Szene bleiben wie auch schon nach der ersten Szene viele Fragen offen. Man weiß noch immer nichts über die Erzählstimme und die Protagonistin, außer, dass Letztere Mutter ist. Es drängt sich allerdings die Idee auf, dass die Stimme des Erzählers unter Umständen Gedanken der Protagonistin verbalisiert.

Szenennummer: 4

Szenentitel: Schwanger.

Szenenziel: Die Protagonistin ist schwanger, will es aber vorerst geheim halten.

Ort: Wohnung der Protagonistin.

Zeit: Nachmittags.

Figuren: Schwangere Protagonistin.

Handlung: Die Protagonistin liest die Gebrauchsanweisung des Schwangerschaftstests und wartet auf das Ergebnis, das sich schließlich als positiv erweist. Sie behauptet, es gewusst zu haben und dass es ihr jetzt besser gehe. Nun seien die Schleusen geöffnet und sie werde fortan an nichts anderes mehr denken können als an die Schwangerschaft.

Widerstände: Die Protagonistin will die Schwangerschaft vorerst geheim halten.

Wendepunkt: Der Test bestätigt die Schwangerschaft.

Einstieg: Die Protagonistin liest die Gebrauchsanweisung.

Ausstieg: Die Protagonistin will nie wieder an etwas anderes denken als an das werdende Baby.

Sonstiges: Weiterhin scheinen das Verhalten sowie die Gedanken und Gefühle der Protagonistin bezüglich der Schwangerschaft ambivalent.

Szenennummer: 10

Szenentitel: Stoß im Bauch.

Szenenziel: Die Schwangerschaft macht der Protagonistin zunehmend zu schaffen.

Ort: Schuhgeschäft.

Zeit: Sommer.

Figuren: Schwangere Protagonistin, Sohn.

Handlung: Der Bauch der Schwangeren wird zunehmend dicker und die Hochzeit der Cousine rückt immer näher. Die Protagonistin will sich um die Blumen für die Hochzeit kümmern und muss Schuhe für ihren Sohn kaufen, der eines der Blumenkinder sein wird, die alle die gleichen Schuhe tragen sollen.

Widerstände: Die Protagonistin schläft schlecht.

Wendepunkt: Die Protagonistin spürt einen heftigen Stoß im Bauch.

Einstieg: Ein dicker Bauch im Sommer wärmt.

Ausstieg: Der Sohn bekommt einen Luftballon im Laden.

Sonstiges: Unklar bleibt, ob der heftige Stoß im Bauch normal ist oder ein Vorbote dafür, dass etwas mit der Schwangerschaft nicht in Ordnung ist.

Szenennummer: 16

Szenentitel: Was hätte sie tun sollen?

Szenenziel: Die schwangere Protagonistin verheimlicht den Tod des Babys, verbirgt ihre wahren Gefühle und feiert die Hochzeit ihrer Cousine.

Ort: Klinik, Kirche.

Zeit: Samstag, Hochzeit.

Figuren: Schwangere Protagonistin, Familie.

Handlung: Vor der Hochzeit fährt die Protagonistin in die Klinik, um die Abtreibungspille zu nehmen. Auf der Hochzeit wirft sie Reis und macht Small Talk.

Widerstände: Die Hochzeit lässt vorerst keine Trauer zu.

Wendepunkt: Eine unbekannte Frau legt ihre Hände auf den Bauch der schwangeren Protagonistin und wünscht ihr Glück.

Einstieg: Die Protagonistin zieht das für die Hochzeit der Cousine gekaufte Leinenkleid an.

Ausstieg: Die Protagonistin versucht, die fremde Frau anzulächeln.

Sonstiges: Das Verhalten der Schwangeren bleibt bis zum Ende nur partiell verständlich.

Gesamtanalyse: Der Erzähler der Geschichte berichtet mal aus der Vogelperspektive und mal aus Sicht der Protagonistin, wobei seine Identität bis zum Ende der Geschichte nicht gelüftet wird, seine Aussagen und Behauptungen gut aber die Gedanken der Protagonistin widerspiegeln könnten. Während der gesamten Geschichte wird Vieles im Ungewissen gelassen, was durch die daraus entstehenden Vorahnungen zum Spannungsanstieg führt, wie auch die Widersprüche und Ambivalenzen der schwangeren Protagonistin Spannungspotential besitzen.

Die Diskrepanz zwischen der Freude auf das Baby und der scheinbaren Gleichgültigkeit dem Schmerz und auch dem darauf folgenden Verlust des Babys gegenüber, wirft Fragen auf und sorgt für Irritationen, die die Spannung zu steigern vermögen. Anzumerken ist, dass die unzureichende Orientierung auf der anderen Seite zugleich dazu führt, dass die Spannung zwischendurch immer wieder auf einem Plateau verbleibt, weil der Leser damit beschäftigt ist, das Geschehen einzuordnen, zumal Vieles nicht zusammenzupassen scheint, wie etwa die Dramatik des Geschehens und die Verrichtung der Alltagsgeschäfte sowie die nüchterne, sachliche Sprache.

Erzähler wie Protagonistin scheinen ihren Gefühlen auszuweichen, die mit dem dramatischen Geschehen einhergehen, was die Identifikation mit der Protagonistin ebenso erschwert wie die Verallgemeinerungen des Erzählers, die von der Hauptfigur wegführen und eine weniger emotionale Ebene eröffnen. Die Hauptspannung entsteht durch den Subtext sowie die Gegenüberstellung von Handlungs- und Emotionsebene, sofern diese deutlich wird. Handlungen, Gedanken und Emotionen scheinen voneinander abgekoppelt, was einerseits spannend ist, andererseits die bereits erwähnte Identifikation erschwert, so dass die Spannung eher auf eine Rätsel- als auf eine Emotionsspannung hinausläuft.

VIII. Romane als Beispiele

1. *Hagard* (Bärfuss 2017)

Inhalt: Philip, ein Schweizer Liegenschaftsentwickler Ende 40, wartet in einem Café der Züricher Altstadt auf einen Mann, dessen Malergeschäft bankrott ist und der deshalb sein Grundstück verkaufen will. Nachdem er eine Zeit lang vergeblich gewartet hat, geht er auf die Straße und schickt seiner Sekretärin eine Nachricht mit der Bitte, für ihn einen Flug nach Las Palmas zu buchen, wo er einen Komplex mit Seniorenwohnungen bauen und verkaufen will.

Eine Weile steht Philip noch an einem Brezelstand vor einem Warenhaus, bis ihm ein Paar pflaumenblaue Ballerinas an den Füßen einer zierlichen Frau auffallen, welche er jedoch nur von hinten sieht. Er folgt der Frau und sagt sich wie im Spiel: Geht sie dort lang, folge ich ihr nicht mehr, geht sie dagegen in die andere Richtung, spiele ich das Spiel noch eine Weile weiter. Es bedeutet ja nichts, niemand kommt zu Schaden und der Abstand in der Menge ist so groß, dass sie mich nicht bemerken wird. Noch klingt das Ganze wie eine sportliche Aufgabe, zumal Philip in einer knappen Stunde ohnehin einen wichtigen Termin hat, von dem er sich allerdings bereits fragt, ob er ihn nicht verschieben kann.

Was ihn dazu bewegt, der Frau zu folgen, bleibt zunächst unklar. Philip beobachtet, wie die Frau ein Pelzgeschäft betritt, einen Mantel abholt und mit Karte bezahlt. Dann fährt die Frau mit der Straßenbahn zum Bahnhof und steigt in einen Vorortzug, in den Philip ebenfalls einsteigt. In einem Vorort verlässt die Frau die Bahn und verschwindet in einem Mietshaus mit zwölf Parteien. Philip verbringt die Nacht in seinem Auto, das er sich von einem Taxifahrer gegen Bezahlung aus einem Parkhaus hat holen lassen, und folgt der Frau am nächsten Morgen weiter. Bei der Verfolgung verliert er einen Schuh, weswegen er sich Schuhe klaut, ein paar lächerliche Pantoffeln, um der Frau weiter folgen zu können.

Als Philip später seinen Wagen vor dem Wohnhaus abholen will, wurde dieser abgeschleppt, weil er im Halteverbot stand. Der Taxifahrer, der ihn zu seinem Wagen gebracht hat und nun kein Geld erhält, weil das im Wagen liegt, tritt Philip, dem vermeintlichen Betrüger, in den Rücken und wirft ihn zu Boden, wo er ihn weiter malträtiert. Als Philip wieder zu sich kommt, hört er Schritte, und die Frau, deren Gesicht er noch immer nicht gesehen hat, geht ins Haus. Als gleich darauf in einem Fenster im oberen Stockwerk das Licht angeht, schafft Philip es auf das Flachdach und springt von dort auf den Balkon des Apartments, in dem er die Frau vermutet. Als er die Fensterscheibe einschlägt, schneidet er sich am Handgelenk, womit die Geschichte endet, so dass offen bleibt, ob Philip überlebt.

Aufbau und Struktur: Der Roman *Hagard* ist hundertvierundsiebzig Seiten lang. Für das Eskalationsmodell wurden insgesamt dreißig Szenen identifiziert. Bis auf wenige Spannungsplateaus, die vor allem dem Setup der Geschichte sowie der Einführung des Erzählers dienen und einigen weniger spektakulären Verfolgungsszenen geschuldet sind, steigt die Spannung bei den meisten Szenen kontinuierlich an. In den ersten fünf Szenen wird bereits ein Geheimnis angedeutet und in Widerspruch zu der vermeintlich konservativen Stadt gesetzt, in der die Geschichte spielt. Zudem wird über den Anfang von Geschichten philosophiert, was für den Zirkelschluss am Ende des Romans eine wichtige Rolle spielt.

In der sechsten Szene werden die pflaumenblauen Ballerinas der unbekannten Frau etabliert, die sich wie ein Leitmotiv durch den Roman ziehen, wobei in der siebten Szene angemerkt wird, dass nicht bekannt ist, ob Philip zuvor bereits jemals eine fremde Frau verfolgt hat, was wiederum andeutet, dass es sich dabei wahrscheinlich um ein ungewöhnliches Ereignis handelt. Szene 8 und 9 pointieren, dass Philip entgegen seiner Vernunft handelt und die Frau weiterverfolgt, auch wenn sein Verstand ihm sagt, dass er das Spiel beenden sollte. Die beiden Szenen sind zentral, um Philips Triebverhalten und seine Obsessionen zu verstehen.

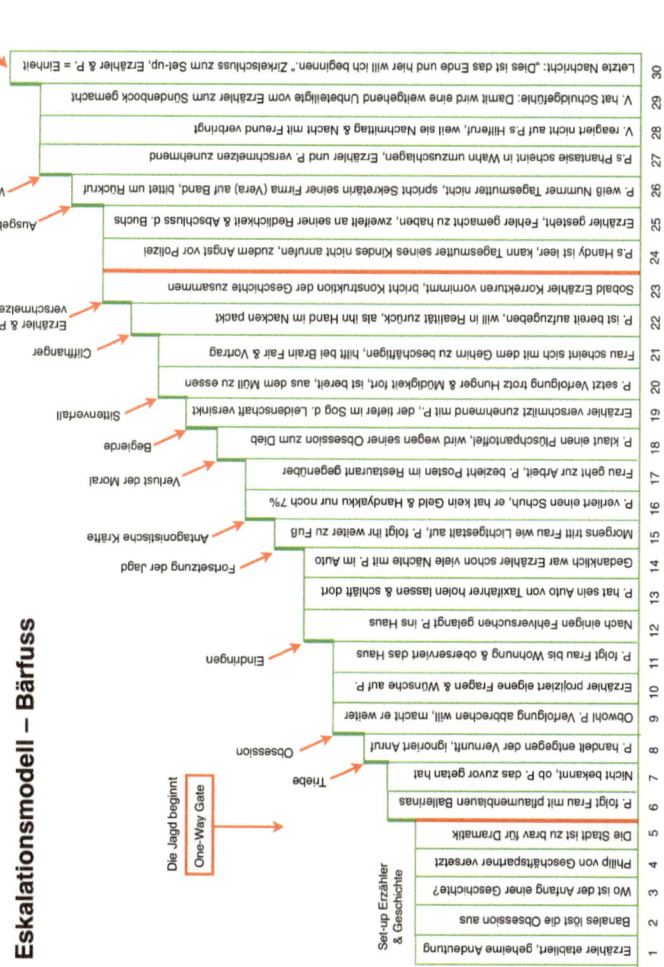

In der zehnten Szene projiziert der zu Beginn eingeführte Erzähler seine Fragen und Wünsche auf den Protagonisten, was Fragen aufwirft und zugleich Vorausdeutungen bezüglich des Fortgangs der Geschichte ermöglicht. Aber noch bleibt der Erzähler im Hintergrund und folgt vordergründig in erster Linie seinem Helden, der die unbekannte Frau bis zu ihrer Wohnung verfolgt (Szene 11), um nach einigen Fehlversuchen schließlich in das Mietshaus zu gelangen, in dem sie wohnt (Szene 12).

Nachdem Philip sich von einem Taxifahrer seinen Wagen aus einem Parkhaus hat bringen lassen, verbringt er die Nacht im Auto, um die Frau am nächsten Morgen nicht zu verpassen (Szene 13 und 14). Als sie am nächsten Tag vor das Haus tritt (Szene 15), folgt Philip ihr bis zu ihrer Arbeitsstelle, wobei er einen Schuh verliert, so dass er einen Pantoffel klauen muss, wodurch er aufgrund seiner Obsessionen zum Dieb wird (Szene 16 bis 18).

Spätestens in Szene 19 wird deutlich, dass die Unterschiede zwischen der Person des Erzählers und der Hauptfigur immer kleiner werden und beide miteinander verschmelzen, so dass sie gemeinsam zunehmend tiefer in den Sog ihrer Leidenschaft geraten, was dazu führt, dass der Protagonist sogar bereit ist, aus dem Müll zu essen, um die Verfolgung nicht abbrechen zu müssen (Szene 20). Erst nachdem der Protagonist auf einem von der Frau organisierten Vortrag über das Gehirn landet, erkennt er, wie gefährlich es ist, die Verfolgung fortzusetzen (Szene 21).

Doch gerade, als er bereit ist, in die Realität zurückzukehren und die Verfolgung abzubrechen, entzieht sich ihm die Realität (Szene 22) und der Protagonist scheint, gemeinsam mit dem Erzähler, in den Wahn zu gleiten (Szene 23): Philips Handy ist leer und er hat Angst, von der Polizei aufgegriffen und in die Psychiatrie gebracht zu werden (Szene 24), während der Erzähler an seiner Redlichkeit zweifelt und daran, die Geschichte zum Ende bringen zu können (Szene 25).

Szene 26 bis 29 stellen eine Art Zwischenspiel dar, in dem die Sekretärin als mögliche Schuldige benannt wird, weil sie im entscheidenden Augenblick nicht im Büro war, um Philips Hilfeanruf entgegenzunehmen. Die letzte Szene (Szene 30) bildet den dramatischen Höhepunkt: Philip dringt in die Wohnung der unbekannten Frau ein, schneidet sich am

Fensterglas das Handgelenk auf und sendet am Ende die kryptische Nachricht, dass dies nicht das Ende sei, sondern der Anfang und verweist damit in einer Art Zirkelschluss auf die Anfangsreflexion des Erzählers, was nahelegt, dass beide Personen zu einer Einheit verschmolzen sind.

Beispielszenen: Exemplarisch herausgegriffen werden die Szenen 1, 6, 14, 18, 19, 22, 27 und 30. Die erste Szene etabliert den Erzähler, der zunächst im Hintergrund agiert, sich aber zunehmend ins Geschehen einmischt (Szene 14), um am Ende immer mehr mit dem Protagonisten zu verschmelzen (Szene 19) und schließlich eine Einheit mit ihm zu bilden (Szene 30). Szene 6 ist deswegen von Bedeutung, weil der Protagonist in ihr das *One-Way Gate* durchschreitet und mit der Verfolgung der Unbekannten beginnt, die für ihn zunehmend zur Obsession wird, was sich unter anderem darin äußert, dass er einem moralischen Verfall unterliegt, der dazu führt, dass er in Szene 18 Pantoffeln klaut. Die Szene 22 zeigt, wie der Protagonist die Gefahr erkennt, in den ihn die Verfolgungsjagd gebracht hat, und dass er bereit ist, aufzugeben, die Umstände sich aber nun gegen ihn gewendet haben.

Szenennummer: 1

Szenentitel: Der Erzähler.

Szenenziel: Der Erzähler erklärt, dass er unbedingt Philips Geschichte erzählen muss, weil er nichts begreift, auch wenn er alles weiß.

Ort: Schreibtisch.

Zeit: Nach den Ereignissen.

Figuren: Erzähler.

Handlung: Der Erzähler behauptet, dass alle Ereignisse der Geschichte geklärt sind, die Umstände jedoch verborgen bleiben.

Widerstände: Der Erzähler findet keinen Zusammenhang in den Bildern, die ihn verfolgen.

Wendepunkt: Einen Versuch will der Erzähler noch wagen, obwohl er wie ein Spieler kurz vor dem Bankrott steht.

Einstieg: Der Erzähler versucht schon seit langer Zeit, Philips Geschichte zu verstehen.

Ausstieg: Wenn er es dieses Mal wieder nicht schafft, will er es sein lassen.

Sonstiges: Die Rahmengeschichte zur eigentlichen Geschichte wird eröffnet. Die eigentliche Geschichte hat einen Countdown von sechsunddreißig Stunden, wobei nicht klar wird, welche Funktion dieser *time-ticking*-Faktor hat.

Szenennummer: 6

Szenentitel: Die Jagd beginnt.

Szenenziel: Auftritt der unbekannten Frau in den pflaumenblauen Ballerinas, die Philip sodann verfolgt.

Ort: In der Nähe des Cafés, Parkhaus, Brezelstand.

Zeit: Dienstag, 11. März, kurz vor siebzehn Uhr.

Figuren: Philip, unbekannte Frau in den pflaumenblauen Ballerinas (Alter: Mitte 20).

Handlung: Philip schreibt seiner Sekretärin, dass er in der Nähe des Cafés bleiben wird, falls sein Geschäftspartner noch auftauchen sollte. Er bittet darum, auf den Flug nach Las Palmas eingecheckt zu werden, wo er Interessenten für seine neuen Wohnungen treffen will. Vor dem Besuch bei Belinda, deren Funktion erst am Ende der Geschichte klar wird, will er sich in sein Auto im Parkhaus legen, allerdings hat er dort keinen Handyempfang. Also geht er wieder in die Nähe des Cafés zum Brezelstand und beobachtet die Menschen.

Widerstände: Er sieht das Gesicht der Frau in den pflaumenblauen Ballerinas nicht.

Wendepunkt: Er sieht in der Menge die pflaumenblauen Ballerinas und folgt der Frau, von der er glaubt, dass sie ihn mit einer Geste dazu aufgefordert hat.

Einstieg: Philip steht in der Sonne und zündet sich eine Zigarette an.

Ausstieg: Philip folgt der unbekannten Frau.

Sonstiges: Die Jagd beginnt und das *One-Way Gate* wird durchschritten.

Szenennummer: 14

Szenentitel: Die Nacht.

Szenenziel: Der Erzähler gibt Details der Nacht preis, in der Philip im Auto wartet.

Ort: Schreibtisch.

Zeit: Nach den Ereignissen.

Figuren: Erzähler.

Handlung: In Gedanken hat der Erzähler bereits zahlreiche Nächte mit Philip im Auto verbracht und erinnert sich an eine Reise Philips nach Colmar. Er erzählt, dass Philip sich eine Pizza ins Auto liefern lässt und Belindas Nachrichten löscht, die sie ihm sendet, weil er sie versetzt hat.

Widerstände: Philip beschließt, sich keine Sorgen ob seiner Geschäfte zu machen.

Wendepunkt: Philip gelingt es, im Hier und Jetzt zu sein, ohne an die Zukunft zu denken.

Einstieg: Der Erzähler hat die Nacht schon diverse Male durchlebt.

Ausstieg: Alles schläft.

Sonstiges: Der Erzähler und Philip scheinen zunehmend zu einer Person zu verschmelzen.

Szenennummer: 18

Szenentitel: Der Aussätzige.

Szenenziel: Philip wird zum Dieb.

Ort: Arbeitsgebäude der Frau.

Zeit: Mittwoch, 12. März.

Figuren: Philip, unbekannte Frau.

Handlung: Philip flüchtet in einen Hauseingang. In einem Laden mit Konkursware klaut er Plüschtierpantoffeln. Als die Ladenbesitzerin mit einer Trillerpfeife aus dem Laden kommt, flieht Philip in Richtung des Gebäudes, in dem die unbekannte Frau arbeitet, und versteckt sich zwischen Blumenkisten.

Widerstände: Philip überlegt, einfach in das Gebäude zu gehen, hat aber Angst, dass man ihn für einen Aussätzigen halten und die Polizei rufen könnte.

Wendepunkt: Philip bleibt in seinem Versteck und hofft, nicht von Kindern aufgestöbert zu werden.

Einstieg: Regen setzt ein und es wird kalt.

Ausstieg: Die Sonne steigt, aber in Philips Winkel bleibt es schattig.

Sonstiges: Immer wieder handelt Philip entgegen seiner Vernunft.

Szenennummer: 19

Szenentitel: Begierde.

Szenenziel: Der Erzähler erkennt, dass es Philip bei der Verfolgung um Begierde geht und dieser deswegen gar nicht mehr in der Lage ist, frei zu entscheiden.

Ort: Schreibtisch.

Zeit: Nach den Ereignissen.

Figuren: Erzähler.

Handlung: Zu lang hat sich der Erzähler mit der Frage aufgehalten, warum Philip der Frau folgt.

Widerstände: Der Erzähler hält seine Obsessionen im Zaum, während Philip sich seinen hingibt.

Wendepunkt: Plötzlich versteht der Erzähler, dass es in Philips Geschichte um die Hingabe an die Liebe geht.

Einstieg: Der Erzähler hat schon immer kurz entschlossene Menschen bewundert.

Ausstieg: Das Herz wird einem Menschen aus dem Leib gerissen.

Sonstiges: Der Erzähler und Philip verschmelzen immer weiter, aber noch widersteht der Erzähler seinen Trieben, während Philip seinen Obsessionen erliegt.

Szenennummer: 22

Szenentitel: Rückkehr der Vernunft.

Szenenziel: Philip scheint wieder klar denken zu können und ist bereit, die Verfolgung zu beenden.

Ort: Auditorium.

Zeit: Mittwoch, 12. März.

Figuren: Philip, die Hand eines Unbekannten.

Handlung: Philip muss aufpassen, dass ihn keine Polizeistreife aufgreift und man ihn in die Psychiatrie bringt, denn dann würde das Geschäft auf Las Palmas platzen.

Widerstände: Bevor Philip in sein Leben zurückkehren kann, muss er den Stoffpantoffel loswerden, da man ihn sonst für verrückt halten wird.

Wendepunkt: Philip will in sein altes Leben zurück.

Einstieg: Philip entscheidet, dass er in sein Leben zurückkehren muss.

Ausstieg: Eine kalte Hand packt Philip im Nacken.

Sonstiges: Die Szene stellt einen klassischen Cliffhanger dar.

Szenennummer: 27

Szenentitel: Geister.

Szenenziel: Wird Philip wahnsinnig oder ist es der Erzähler, der durchdreht?

Ort: Kein konkreter Ort.

Zeit: Keine konkrete Zeit.

Figuren: Philip.

Handlung: Philip phantasiert sich als Schäfer auf einer Alp. Dann wieder verbringt er in seiner Phantasie einen Winter am Col de la Forclaz mit einem spanischen Schmuggler, gerät in Untersuchungshaft und besucht später einen Frisörsalon. Er treibt sich in Schrebergärten herum, arbeitet als Fliesenleger, reist weiter, begeht schließlich einen Selbstmordversuch und wird von einem Förster gerettet, woraufhin er zu der Witwe eines Garagisten zieht und mit deren Jaguar flieht, um als Taxifahrer zu arbeiten, und später von einem Kameruner zusammengeschlagen wird.

Widerstände: Philips Phantasie scheint in Wahn umzuschlagen.

Wendepunkt: Philip wird zusammengeschlagen oder phantasiert, dass er zusammengeschlagen wird.

Einstieg: Die erste Dekade des 21. Jahrhunderts.

Ausstieg: Eine Elster krächzt in der Abendstille.

Sonstiges: Wahn und Realität vermischen sich.

Szenennummer: 30

Szenentitel: Letzte Nachricht.

Szenenziel: Philip und der Erzähler werden zu einer einzigen Person und senden eine letzte Nachricht: „Dies ist das Ende und hier will ich beginnen."

Ort: Schreibtisch.

Zeit: Nach den Ereignissen.

Figuren: Erzähler.

Handlung: Philip erwacht auf dem Asphalt, nachdem er von einem Kameruner zusammengeschlagen wurde. Sein Wagen ist verschwunden. Belinda, die Tagesmutter von Philips Sohn, von dem man erst spät und sehr beiläufig erfährt, wird sich um den Jungen gekümmert haben, so die Annahme des Erzählers, auch wenn dieser vorgibt, nicht zu wissen, was mit Belinda und dem Jungen geschah. Vermutlich, so der Erzähler weiter, wird sich Belinda irgendwann bei der Polizei melden und der Junge wird in ein Heim kommen, nachdem man keinen Erziehungsberechtigten wird ausfindig machen können. Als Philip die Frau in ihre Wohnung gehen sieht, steigt er aufs Dach und versucht, sich auf ihren Balkon abzuseilen. Er zerschlägt eine Fensterscheibe und dringt in die leere Wohnung ein. Dort sind Pelz und Schuhe, aber keine Frau.

Widerstände: Philip gelingt es nicht mehr, den Kontakt zu seiner alten Welt herzustellen.

Wendepunkt: Die Frau kommt zurück und macht Licht in ihrer Wohnung, was Philip als letzten Ruf versteht.

Einstieg: Wie Philip auf den Balkon kam, bleibt unklar.

Ausstieg: Ich sterbe, aber ich verschwinde nicht.

Sonstiges: Ist die letzte Botschaft von Philip oder dem Erzähler? Und stirbt Philip wirklich an dem Schnitt, den er sich beim Zerschlagen der Fensterscheibe zugezogen hat?

Gesamtanalyse: Die ersten Fragen, die bereits eine gewisse Neugier auslösen und sich wie ein roter Faden durch den Roman ziehen und an Brisanz gewinnen, betreffen den Erzähler. Wer ist er? Woher bezieht er sein Wissen? In welcher Beziehung steht oder stand er zu Philip? Zu Beginn wird von dem Erzähler eine Art *time-ticking*-Faktor etabliert, indem er von sechsunddreißig Stunden spricht, innerhalb derer sich die Geschichte abspielt, auch wenn unklar bleibt, welche Relevanz der Zeitfaktor hat, außer um zu zeigen, in welch kurzer Zeit Philips Leben aus den Fugen gerät.

Wie diese Fragen bleiben auch viele weitere Fragen offen, unter anderem die zentrale Frage, warum Philip der Frau überhaupt folgt. Es werden zwar immer wieder mögliche Lösungen angeboten, beispielsweise dass er ein Spiel spielt oder seinen Trieben unterliegt, aber ganz genau erfährt man es nicht. Wie man auch nie genau herausfinden kann, ob der Erzähler und Philip ein und dieselbe Person sind, zumal der Erzähler über Philip und die Geschichte sehr detailliert Bescheid weiß. Insgesamt ist das Aufwerfen von Fragen ein vielgenutztes Mittel zur Spannungserzeugung, zumal der Erzähler Fragen aufwirft, die sich der Leser im Verlauf der Geschichte unweigerlich selbst stellt.

Dass es sich um einen unzuverlässigen Erzähler handelt, trägt ebenfalls zur Spannung bei, zumal sich daraus mehrere Lesarten ergeben, wie etwa die einer erotischen Phantasie oder die eines Verfolgungsromans, insbesondere weil immer wieder Bilder einer Jagd generiert werden: Philip als Jäger, die unbekannte Frau mit den pflaumenblauen Ballerinas als Wild. Zu dieser Lesart passen auch die Hypervigilanz und die Hyperdetailliertheit der Beschreibungen, die der Wachheit eines Jägers entsprechen. Alles muss wahrgenommen werden, auch vom Leser, da man während der Jagd noch nicht weiß, was später relevant wird.

Neben der Spannung, die sich aus Jagd und Erotik respektive Obsession ergibt, besteht von Anfang an eine Art Rätselspannung, die sogar über das Ende der Geschichte hinaus bestehen bleibt, zumal die Ausgangsfrage wieder aufgegriffen wird: Wo ist der Anfang einer Geschichte und wo das Ende? Wer ist der Erzähler, der am Ende mit Philip eine Einheit bildet, so dass die Augen, die den Protagonisten ansehen, sowohl die des Erzählers sind als auch seine eigenen und die Frau möglicherweise nur ein Trugbild war.

Bei der Spannungserzeugung spielt zudem der Subtext eine wichtige Rolle. Immer wieder werden Andeutungen und das, was verschwiegen wird, zu einer Art Angelhaken für den Leser. So erfährt er beispielsweise erst gegen Ende, dass Philip einen Sohn hat, den er eigentlich von der Tagesmutter hätte abholen müssen, während er die unbekannte Frau verfolgt. Die durch das Verschweigen entstehenden Leerstellen bieten Raum für Projektionen und Vorausdeutungen und steigern dadurch die Spannung.

2. Du hättest gehen sollen (Kehlmann 2016)

Inhalt: Ein Drehbuchautor fährt Anfang Dezember mit seiner Frau und seiner vierjährigen Tochter in die Berge, wo sie ein Haus gemietet haben, in dem er an der Fortsetzung seiner Filmkomödie schreiben will, da ihm sein Produzent im Nacken sitzt. Während er für die Filmfiguren Dialoge entwickelt und an Beziehungsproblemen bastelt, gerät auch er in Beziehungsstreitigkeiten und notiert in seinem Notizbuch sowohl die Filmdialoge als auch die Dialoge mit seiner Frau sowie Merkwürdigkeiten, die das gemietete Haus und seine Wahrnehmung betreffen.

Sehr schnell verschwimmen die Grenzen zwischen Fiktion und Realität und als der Drehbuchautor mit seinem Auto eine gefährliche Serpentinenstraße ins Dorf fährt, um im Gemischtwarenladen einzukaufen, erzählt ihm der Verkäufer, dass auf dem Berg erst kürzlich ein Urlauber verschwunden sei, und deutet dabei alles mögliche Mysteriöse an. Schließlich rät er dem Drehbuchautor sogar, das Haus und die Gegend mit seiner Familie so schnell wie möglich zu verlassen.

In der Folge ereignen sich immer mehr Merkwürdigkeiten: Ein Bild, das der Drehbuchautor definitiv zu sehen gemeint hat, hängt nicht mehr an der Wand und auch sein eigenes Spiegelbild ist im dunklen Wohnzimmerfenster nicht zu erkennen, während alles andere sehr wohl zu sehen ist. Seine Tochter und er haben seltsame Träume, rechte Winkel sind nicht mehr neunzig Grad und der Drehbuchautor entdeckt Notate in seinem Notizbuch, von denen er definitiv behauptet, sie nicht geschrieben zu haben.

Der Drehbuchautor vertraut seinen Wahrnehmungen zunehmend weniger und gerät in eine immer tiefere Verwirrung, die er sich nicht mehr allein mit schlechten Träumen, Einbildungen, Halluzinationen oder Fieberanfällen erklären kann. Auch glaubt er nicht mehr an optische Täuschungen, sondern vermutet, dass von dem Haus eine reale Gefahr für ihn und seine Familie ausgeht. Er selbst fühlt sich, als würde er in zwei Personen zerfallen und hat Sorge, sich selbst gegenüber zu stehen, sobald er die Haustür öffnet. Auch das Haus wird immer unheimlicher und verändert sogar seine Gestalt, wirkt mal größer und dann wieder kleiner.

Nach einem Streit mit seiner Frau, die er des Fremdgehens verdächtigt, weil er eine entsprechende SMS auf ihrem Handy gefunden hat, fährt seine Frau weg und lässt ihren Mann samt Tochter im Haus zurück. Der Drehbuchautor hat das Gefühl, in der Falle zu sitzen und will mit seiner Tochter aus dem Haus fliehen. Als er aber mit ihr ins Dorf zu gehen versucht, führt ihn die Straße wieder zurück vor die Tür des seltsamen Hauses, wo er nicht einmal Hilfe rufen kann, weil der Handyempfang zusammengebrochen ist.

Seine Frau, die ihn nicht erreichen kann, kehrt zurück zum Haus, um nach ihm und ihrer Tochter zu sehen. Er allerdings setzt seine Tochter zu seiner Frau ins Auto und schickt sie beide weg und bleibt selbst als eine Art Pfand für den Teufel zurück.

Aufbau und Struktur: Die Erzählung *Du hättest gehen sollen* ist sechsundneunzig Seiten lang. Für das Eskalationsmodell wurden insgesamt siebzehn Szenen identifiziert. Wie in dem Roman von Bärfuss gibt es in der Langerzählung Kehlmanns so gut wie keine Spannungsplateaus, sondern die Spannung steigt kontinuierlich an. Nur die ersten beiden Szenen dienen dem Set-up, wobei es auch hier schon zu einer Vermischung von Realität und Fiktion kommt, wodurch Fragen aufgeworfen werden und Neugierde geweckt wird, so dass bereits zu Beginn eine gewisse Spannung besteht. Schon nach der dritten Szene ist das *One-Way Gate* durchschritten.

In der vierten Szene ist alles angelegt, was die Geschichte braucht: Zu den optischen Täuschungen kommen Alpträume hinzu, die sich mit Wahrnehmungsverzerrungen vom Tag vermischen. Was bisher nur eine Ahnung war, wird in der fünften Szene zur Gewissheit. Der Drehbuchautor sieht den ganzen Raum in der dunklen Fensterscheibe, sich selbst allerdings nicht. Die optischen Täuschungen werden manifest und massiv, das Mysteriöse gewinnt an Macht und ergreift in der sechsten Szene schließlich den Rest der Familie, so dass sie beschließen abzureisen.

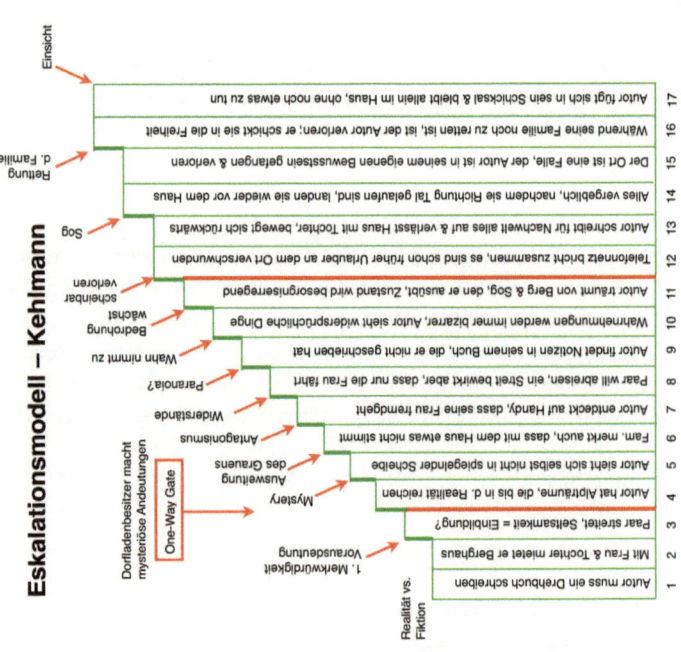

Bevor es allerdings zur Abreise kommt, entdeckt der Autor anhand einer SMS, dass seine Frau fremdgeht (Szene 7). Es kommt zum Streit und die Frau reist allein ab (Szene 8), während der Drehbuchautor und seine Tochter in dem seltsamen Haus zurückbleiben. In dem Maß, in dem die äußeren Widerstände zunehmen, nimmt der Wahn des Drehbuchautors ebenfalls zu und steigt auch die Spannung. Der Drehbuchautor findet in seinem Buch Notizen, die er selbst nicht gemacht hat (Szene 9 und Szene 10), und seine Alpträume werden immer bizarrer und bedrohlicher (Szene 11).

In der zwölften Szene bricht das Handynetz auf dem Berg zusammen, zeitgleich erfährt der Drehbuchautor vom Gemischtwarenhändler, dass schon früher Urlauber an diesem Ort verschwunden seien. Er notiert alles für die Nachwelt und will mit seiner Tochter fliehen. Sie verlassen das seltsame Haus, wobei sie rückwärtsgehen (Szene 13). Aber der Sog des Hauses ist stärker und obwohl sie zahlreiche Serpentinen in Richtung Tal zurückgelegt haben, befinden sie sich am Ende wieder vor der Tür des seltsamen Hauses (Szene 14).

Der Drehbuchautor scheint in seinem eigenen Bewusstsein gefangen zu sein. Seine Familie kann er zwar noch retten, er selbst aber scheint bereits verloren (Szene 15). Also setzt er seine Tochter zu seiner Frau ins Auto (Szene 16) und bleibt, gewissermaßen als Faustpfand für den Teufel, allein zurück (Szene 17).

Beispielszenen: Exemplarisch herausgegriffen werden die Szenen 4, 5, 14 und 17. In der vierten und fünften Szene schleicht sich das Grauen bereits subtil ein und es ist zu ahnen, dass etwas nicht stimmt, wobei sich dieses ‚Etwas' noch nicht benennen lässt. Spannungssteigernd ist vor allem, dass man nicht einschätzen kann, ob mit dem Haus und dem Ort etwas nicht stimmt oder mit dem Drehbuchautor, der zugleich als unzuverlässiger Erzähler fungiert. Die Täuschungen, Alpträume und Verzerrungen steigern sich von Szene zu Szene und erreichen einen Höhepunkt in der vierzehnten Szene, in der der Drehbuchautor mit seiner Tochter dem Haus zu entfliehen versucht und doch nur wieder vor der Tür des Hauses landet. Szene 17 bringt die Geschichte zu einem Ende und den Protagonisten zu der Einsicht, dass er sein Schicksal akzeptieren muss.

Szenennummer: 4

Szenentitel: Mysteriöse Andeutungen.

Szenenziel: Vorbereitung von etwas Schrecklichem.

Ort: Haus in den Bergen, Dorf.

Zeit: 4. Dezember.

Figuren: Drehbuchautor, Susanna, Esther.

Handlung: Der Drehbuchautor liest seiner Tochter Esther vor dem Zubettgehen ein Buch vor. Als er das Kinderzimmer verlässt, verirrt er sich allerdings im Haus. Nachdem er sich wieder orientieren kann, trinkt er mit seiner Frau Susanna Wein und sie erinnern sich an ihr Kennenlernen. Immer wieder drängen sich dem Drehbuchautor Gedanken bezüglich seines Drehbuchs auf. Am Tag fährt er dann ins Dorf, um Vorräte zu kaufen. Die Fahrt stresst ihn und er hat Angst, von der Straße abzukommen. Auch der Einkauf gestaltet sich anstrengend, da der Verkäufer die gewünschten Waren mühsam zusammensucht, obwohl es sich um Alltagsartikel handelt. Dabei deutet er etwas über den Vermieter des Hauses an, das der Drehbuchautor allerdings nicht versteht.

Widerstände: Der Drehbuchautor leidet darunter, dass seine Frau studiert hat und er nicht. Es zeigen sich erste Merkwürdigkeiten in dem Haus auf dem Berg.

Wendepunkt: Der Drehbuchautor hat einen Alptraum, in dem er Angst vor einer Frau hat, die er auf einem Foto in der Wäschekammer des Hauses gesehen hat.

Einstieg: Der Vorabend war gut, aber dann hat der Autor einen Traum.

Ausstieg: Der Autor schreibt wieder an seinem Drehbuch.

Sonstiges: Hat der Drehbuchautor Wahrnehmungsstörungen? Was bedeuten die Andeutungen des Gemischtwarenhändlers über das Haus und den Vermieter?

Szenennummer: 5

Szenentitel: Optische Täuschung.

Szenenziel: Die Wahrnehmung des Autors wird zunehmend bizarrer.

Ort: Haus in den Bergen.

Zeit: 4. Dezember.

Figuren: Autor, Susanna, Esther.

Handlung: Der Drehbuchautor notiert die optische Täuschung und möchte sie fotografieren, findet aber sein Handy nicht. In der Fensterscheibe sieht er das ganze Zimmer, nur sich nicht. Als er aufsteht, um sein Handy zu suchen, hört die Täuschung auf und er setzt sich wieder an sein Drehbuch. Dann denkt er erneut an seinen Traum und als er sich das Foto in der Wäschekammer ansehen will, ist es weg. Er setzt sich wieder ans Drehbuch. Beim Abendessen behauptet er, ganz normal zu sein. Als er seine Tochter badet, kommt es zu einer weiteren optischen Täuschung. Seine Tochter hat Angst, allein zu sein und schlecht zu träumen. Seine Frau gibt vor, müde zu sein. Er schreibt weiter.

Widerstände: Während er alles notiert, denkt er bereits, es wäre Einbildung gewesen.

Wendepunkt: Auch seine Tochter scheint Alpträume zu haben.

Einstieg: Wieder unterliegt der Autor einer optischen Täuschung, die dieses Mal allerdings länger andauert.

Ausstieg: Er schreibt die nächste Szene im Drehbuch.

Sonstiges: Das Grauen des Drehbuchautors überträgt sich auf den Leser und scheinbar auch auf seine Familie.

Szenennummer: 14

Szenentitel: Nachtwanderung.

Szenenziel: Alle ihre Mühen sind vergeblich, das Haus hält sie fest im Griff.

Ort: Haus in den Bergen, Talstraße.

Zeit: Nacht vom 6. auf den 7. Dezember.

Figuren: Drehbuchautor, Esther.

Handlung: Als sie am Abend rückwärtsgehend das Haus verlassen, sehen sie jemandem im Wohnzimmer und das Haus verändert Größe und Form. Mit dem Handy als Taschenlampe gehen sie die Straße entlang ins Tal.

Widerstände: Nachdem sie zahlreiche Serpentinen in Richtung Tal entlanggegangen sind, landen sie wieder vor dem Haus.

Wendepunkt: Der Drehbuchautor versucht, seiner Tochter die Wanderung als Abenteuer zu verkaufen.

Einstieg: Der Drehbuchautor ist sich nicht einmal mehr des Datums sicher.

Ausstieg: Der Drehbuchautor verspricht seiner Tochter, Essen zu machen.

Sonstiges: Um seine Tochter zu beschützen, benimmt sich der Drehbuchautor so normal wie möglich. Entweder sieht seine Tochter tatsächlich auch alle Seltsamkeiten oder der Drehbuchautor phantasiert auch das. Eine große Hoffnungslosigkeit breitet sich aus.

Szenennummer: 17

Szenentitel: Einsicht.

Szenenziel: Akzeptanz.

Ort: Haus in den Bergen.

Zeit: 7. Dezember.

Figuren: Drehbuchautor.

Handlung: Der Drehbuchautor geht zurück ins Haus, es gibt nichts mehr zu tun oder zu notieren.

Widerstände: Im dunklen Fenster spiegelt er sich wieder nicht.

Wendepunkt: Der Drehbuchautor fügt sich in sein Schicksal.

Einstieg: Alles ist berichtet.

Ausstieg: Der Drehbuchautor hat das Gefühl, erst am Anfang zu sein.

Sonstiges: Es fühlt sich an wie Einsicht, nicht wie Resignation.

Gesamtanalyse: Kehlmanns Langerzählung erinnert an die Tradition der Schauerromane, wobei das Mysteriöse, das in diesen Romanen eine wesentliche Rolle spielt, in seiner Erzählung subtiler eingearbeitet wird und nicht als namenloses Grauen in die Geschichte einbricht, wie das in den Schauerromanen oftmals der Fall ist. Der Autor spielt bewusst mit dem Spannungsmittel Orientierung versus Irritation, wobei die Irritationen im Verlauf der Erzählung zunehmen. Die existentielle Verunsicherung des Protagonisten wird zur Verunsicherung des Lesers und steigert die Spannung, weil etwas auf dem Spiel steht, nämlich der gesunde Menschenverstand.

Neben den Wahrnehmungsverzerrungen sind die parallel zu der eigentlichen Geschichte beschriebenen Szenen und geführten Dialoge des

Drehbuchs, die im gleichen Notizbuch festgehalten werden, verwirrend und lösen Fragen sowie Verunsicherung und Neugier aus. Zudem werden zahlreiche Widerstände etabliert, von der Schreibhemmung des Drehbuchautors über die Streitereien mit seiner Frau bis hin zur Widerspenstigkeit seiner Tochter sowie zu den mysteriösen Ereignissen in und um das Haus herum.

Die Frage, ob der Drehbuchautor einem Wahn oder einer Paranoia unterliegt, zieht sich wie ein roter Faden durch die Erzählung und bleibt bis zum Ende offen. Alle Ereignisse, inklusive des Fremdgehens der Ehefrau, werden uns lediglich anhand der Notizen des Drehbuchautors geschildert, so dass wir nicht sicher sein können, ob sie den Tatsachen entsprechen oder phantasiert sind. Ähnlich wie bei Bärfuss trägt auch bei Kehlmann der unzuverlässige Erzähler zur Steigerung der Spannung bei. Und wie Bärfuss' Roman weist auch Kehlmanns Erzählung zahlreiche Ähnlichkeiten mit einer Jagd auf, wobei in diesem Fall der Protagonist, sprich der Drehbuchautor, der Gejagte ist.

Wie in Bärfuss' Roman trägt auch in Kehlmanns Erzählung die Hyperdetailliertheit zu einer spannungssteigernden Verzögerung der Geschichte bei, da alle erzählten Details sowohl für den Protagonisten als auch für den Leser relevant werden könnten. Für den Protagonisten, um dem Sog des seltsamen Hauses zu entkommen, und für den Leser, um zu erkennen, ob es sich um Wahn oder Realität handelt.

Die parallel geführten Stränge von Alltag und Drehbuch führen zu einer Kluft zwischen heiler und bedrohlicher Welt. Die Welt des Drehbuchs ist komisch und banal, die Welt des Drehbuchautors zunehmend bedrohlich. Genau genommen bildet die Familie des Protagonisten einen dritten Strang. Seine Frau und seine Tochter stehen zwischen ihm und den Geschehnissen und können deswegen am Ende auch gerettet werden, während der Protagonist verloren ist.

3. *Duell* (Zwagerman 2006)

Inhalt: Das Hollands Museum in Amsterdam soll renoviert werden, weil es die Brandschutzbestimmungen nicht mehr erfüllt. Die letzte große

Ausstellung vor der Schließung wird von dem vierzigjährigen Verhooff, dem neuen Leiter des Museums, organisiert und heißt *Duel*. Zu der Ausstellung sind junge Künstler eingeladen, die vor allem Installationskunst machen. Sie sollen sich mit den Meisterwerken der Sammlung auseinandersetzen und mit ihnen in einen künstlerischen Dialog treten. Unter den Künstlern ist nur eine einzige, Emma Duiker, die klassisch malt und das Werk *Untitled No. 18* von Rothko kopiert, dessen Original sich ebenfalls in der Sammlung des Museums befindet. Während die Ausstellung insgesamt nur mäßiges Aufsehen erregt, wird Duikers Kopie ausführlich in den Medien besprochen und gelobt.

Nach Beendigung der Ausstellung stellt der Chefrestaurator des Museums allerdings fest, dass es sich bei dem *Untitled No. 18*, das sich im Bestand Museums befindet, um eine Fälschung handelt. Duiker wird verdächtigt, das Bild beim Kopieren ausgetauscht zu haben, um es in die Welt zu entlassen und damit den Menschen auf der Straße nahezubringen, wie sie sagt. Statt den Kunstraub zu melden, nimmt Verhooff, der als junger Mann selbst eine kleine Galerie aufgebaut und junge Künstler gefördert hat, mit dem Restaurator die Spur des Bildes auf und findet es schließlich in einer Schule für lernbehinderte Kinder in Slowenien. Weil die Direktorin das Bild allerdings nicht freiwillig herausgibt, engagiert Verhooff zwei Kleinkriminelle, um das Bild zu stehlen. Als diese es ihm zurückgeben und mehr Geld fordern, kommt es zum Streit und Verhooff zerstört das Gemälde aus Versehen mit der Faust.

Verhooff und der Restaurator bringen das zerstörte Bild heimlich zurück ins Museum, wo es in aller Stille wiederhergestellt werden soll, während Duikers Kopie solang das Original ersetzen soll. Wider Erwarten erhält Verhooff allerdings keine zweite Amtszeit, wodurch es schwierig wird, das Geheimnis zu bewahren. Bei der Wiedereröffnung des Museums mit einer neuen Direktorin will der Direktor des Museum of Modern Art (MoMA) sich den Rothko leihen, der in seinen Augen unerwartet gut erhalten ist. Als er Verhooff darum bittet, flieht dieser. Alles Weitere bleibt offen.

Aufbau und Struktur: Die Novelle *Duell* ist hundertsechzig Seiten lang. Für das Eskalationsmodell wurden insgesamt fünfundzwanzig Szenen identifiziert. Wie in dem Roman von Bärfuss und der Langerzählung von Kehlmann gibt es so gut wie keine Spannungsplateaus, sondern die Spannung steigt kontinuierlich an. Es bedarf nur einer einzigen Szene, um das Set-up zu beschreiben, bereits die zweite Szene führt zum skandalösen Höhepunkt der Novelle, bei dem der Direktor des Hollands Museums ungewollt den dreißig Millionen teuren Rothko mit der Faust zerstört. Mit dieser Vorausdeutung ist die Neugier geweckt und die Antizipation wird in Gang gesetzt.

In der dritten Szene folgt ein kleines Spannungsplateau, weil in dieser Szene erklärt wird, warum der Direktor im Museum wohnt: Um nämlich einer Hausbesetzung während der Renovierungsmaßnahmen vorzubeugen. Die vierte Szene bietet bereits einen Spannungsanstieg, da ein Umbruch stattfindet: Kaum dass Verhooff als Museumsdirektor eingesetzt ist, wird klar, dass das Museum schließen und umgebaut werden muss, da es den aktuellen Brandschutzbestimmungen nicht mehr entspricht. In der fünften Szene sorgt eine politische Kontroverse für einen Spannungsanstieg, der bis zur siebten Szene anhält, wobei in Szene 6 und Szene 7 Duikers Rolle als Kopistin erklärt wird, was als Grundlage für die nachfolgende Geschichte wichtig ist.

In der achten Szene steigt die Spannung erneut an, als sich herausstellt, dass der Rothko im Museum eine Kopie ist, was nahelegt, dass Duiker das Original entwendet hat, womit sie eine Revolution im Sinn hat, nämlich die Kunst auf die Straße zu bringen (Szene 9). Verhooff rutscht in Szene 10 bereits selbst in die Kriminalität, als er jemanden beauftragt, Duikers Account zu hacken, um herauszufinden, wo sich der Rothko aktuell befindet, was auch gelingt und die Jagd in Gang setzt (Szene 11). Szene 12 hat wieder ein Spannungsplateau, weil das Überreden des Restaurators zur Reise nur eine notwendige Vorbedingung für das Folgende darstellt und kein eigenes Spannungspotential besitzt.

Die antagonistischen Kräfte, die in Szene 13 wirken, steigern die Spannung dann wieder, denn die Direktorin der Schule in Slowenien, in der sich das Gemälde befindet, verweigert dessen Herausgabe und Verhooff rutscht völlig in die Kriminalität ab, als er zwei Kleingangster engagiert, um das Bild zu stehlen (Szene 14). Szene 15 entspricht wieder einem Spannungsplateau, da es in ihr nur um die Verhandlungen mit den Ganoven geht (Szene 16).

Eskalationsmodell – Zwagerman

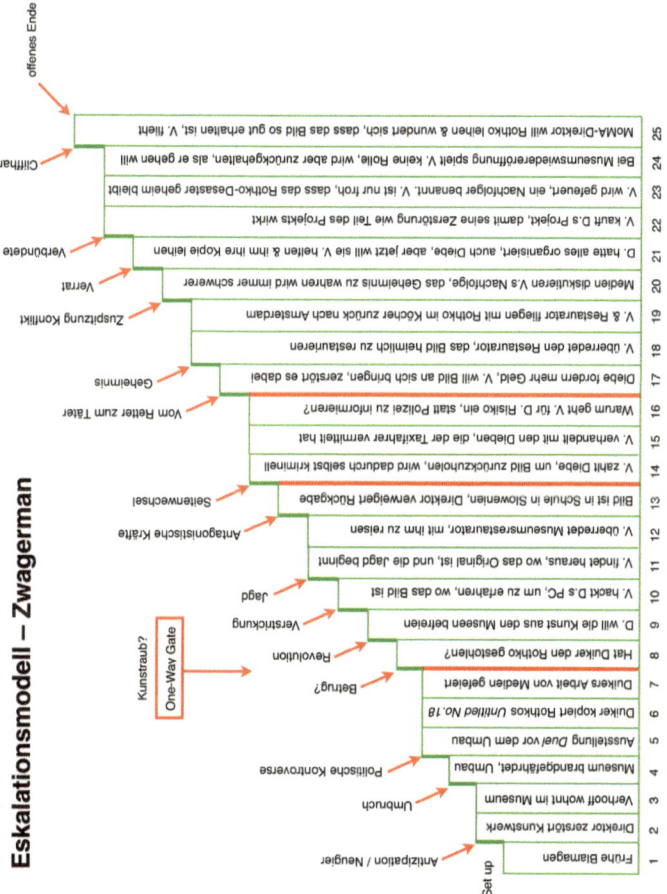

#	Ereignis	Stufe
1	Frühe Blamagen	Set up
2	Direktor zerstört Kunstwerk	Antizipation / Neugier
3	Verhoeff wohnt im Museum	Umbruch
4	Museum brandgefährdet, Umbau	Politische Kontroverse
5	Ausstellung *Duel* vor dem Umbau	
6	Dulker kopiert Rothkos *Untitled No.18*	
7	Dulkers Arbeit von Medien geteilt	Betrug?
8	Hat Dulker den Rothko gestohlen?	Revolution / One-Way Gate / Kunstraub?
9	D. will die Kunst aus den Museen befreien	Verstrickung
10	V. hackt D.s PC, um zu erfahren, wo das Bild ist	Jagd
11	V. findet heraus, wo das Original ist, und die Jagd beginnt	
12	V. überredet Museumsrestaurator, mit ihm zu reisen	Antagonistische Kräfte
13	Bild ist in Schule in Slowenien, Direktor verweigert Rückgabe	Seitenwechsel
14	V. zahlt Diebe, um Bild zurückzuholen, wird dadurch selbst kriminell	
15	V. verhandelt mit den Dieben, die der Taxifahrer vermittelt hat	
16	Warum geht V. für D. Risiko ein, statt Polizei zu informieren?	Vom Retter zum Täter
17	Diebe fordern mehr Geld, V. will Bild an sich bringen, zerstört es dabei	Geheimnis
18	V. überredet den Restaurator, das Bild heimlich zu restaurieren	
19	V. & Restaurator fliegen mit Rothko im Köcher zurück nach Amsterdam	Zuspitzung Konflikt
20	Medien diskutieren V.s Nachfolge, das Geheimnis zu wahren wird immer schwerer	Verrat
21	D. hatte alles organisiert, auch Diebe, aber jetzt will sie V. helfen & ihm ihre Kopie leihen	Verbündete
22	V. kauft D.s Projekt, damit seine Zerstörung wie Teil des Projekts wirkt	
23	V. wird gefeiert, ein Nachfolger benannt. V. ist nur froh, dass das Rothko-Desaster geheim bleibt	
24	Bei Museumswiedereröffnung spielt V. keine Rolle, wird aber zurückgehalten, als er gehen will	Cliffhanger
25	MoMA-Direktor will Rothko leihen & wundert sich, dass das Bild so gut erhalten ist, V. flieht	offenes Ende

Szene 17 ist wieder mit einem deutlichen Spannungsanstieg verbunden und hat einen Bezug zur ersten Szene, denn jetzt erfährt der Leser, wie es dazu gekommen ist, dass Verhooff das Bild zerstört hat. Die Spannung steigt weiter an, da Verhooff sich noch immer im Graubereich bewegt, als er vorschlägt, das Bild heimlich zu restaurieren (Szene 18), und er und der Restaurator mit dem Bild in einem Köcher zurück nach Amsterdam fliegen (Szene 19). In Szene 20 spitzt sich der Konflikt zu, denn es wird klar, dass Verhooff keine zweite Amtszeit erhält, wodurch es erschwert wird, das Geheimnis zu wahren.

Auch die Idee, während der Restaurierung des Originals eine von Duikers Kopien aufzuhängen (Szene 21), trägt zur Spannungssteigerung bei, ebenso wie die Tatsache, dass Verhooff Duikers Projekt offiziell kauft, um die Angelegenheit wie eine Inszenierung wirken zu lassen. Dadurch wird er endgültig zum Verbündeten der Künstlerin und Kunstdiebin (Szene 22). Als er schließlich gefeuert wird, ist er einzig darauf bedacht, das Geheimnis weiterhin zu wahren (Szene 23). Bei der Wiedereröffnung des Museums beachtet in schon niemand mehr (Szene 24), bis der Direktor des MoMA ihn darum bittet, sich den Rothko leihen zu dürfen, woraufhin Verhooff flieht (Szene 25).

Beispielszenen: Exemplarisch herausgegriffen werden die Szenen 2, 8, 22 und 25. Die zweite Szene ist deswegen relevant, da in ihr bereits klar wird, wie es zur Zerstörung des Kunstwerks kam. Die achte Szene ist von Bedeutung, weil hier der Austausch des Originals gegen eine Kopie offengelegt wird, was die Jagd nach dem Original in Gang setzt, wodurch das *One-Way Gate* durchschritten wird. In Szene 22 wird der Direktor endgültig zu Duikers Komplizen und damit ebenfalls zum Kriminellen, wie sich das in den vorherigen Szenen bereits angekündigt hat. In Szene 25 besteht die Gefahr, dass Verhooff doch noch auffliegt, weswegen er flieht, wodurch der Spannungsgipfel erreicht ist.

Szenennummer: 2

Szenentitel: Die zerrissene Leinwand.

Szenenziel: Verhooff hat die Leinwand eines teuren Kunstgemäldes, *Untitled No. 18* von Rothko, zerstört.

Ort: Museum.

Zeit: Gegenwart.

Figuren: Verhooff.

Handlung: Verhooff schätzt den Verlust auf dreißig Millionen Euro und vergleicht die Blamage mit seinem Bauchklatscher als Neunjähriger.

Widerstände: Die Weltbevölkerung wird ihn verhöhnen.

Wendepunkt: Verhooff hat einen Fehler gemacht.

Einstieg: Die Tage, nachdem Verhooffs Faust die Leinwand zerstört hat.

Ausstieg: Die Weltbevölkerung wird über ihn lachen.

Sonstiges: Das Ausmaß von Verhooffs Beschämung wird deutlich, die Neugier des Lesers ist geweckt.

Szenennummer: 8

Szenentitel: Kunstraub?

Szenenziel: Hat Duiker das Original gestohlen?

Ort: Museum.

Zeit: Acht Monate nach der Ausstellung.

Figuren: Verhooff, Restaurator, Duiker.

Handlung: *Untitled No. 18* von Rothko hat eine Transportnummer vom Guggenheim Museum, obwohl es nie dort ausgestellt war. Der Restaurator hat bisher nur mit Verhooff darüber gesprochen. Das Bild ist dreißig Millionen Euro wert und Verhooff beschließt, Emma Duiker zusammen mit dem Restaurator zu besuchen.

Widerstände: Verhooffs Unglaube und Skepsis.

Wendepunkt: Hat Duiker beim Kopieren das Original entwendet?

Einstieg: Acht Wochen nach der Ausstellung bekommt Verhooff eine E-Mail vom Chefrestaurator des Museums.

Ausstieg: Verhooff und der Restaurator machen sich auf den Weg zu Duikers Atelier.

Sonstiges: Handelt es sich um Betrug?

Szenennummer: 22

Szenentitel: Der Kauf von Duikers Projekt.

Szenenziel: Verhooff kauft schließlich Duikers komplettes Projekt, um die Ereignisse wie eine geplante Inszenierung erscheinen zu lassen.

Ort: Hilton, Amsterdam.

Zeit: Monate nach der Reise.

Figuren: Verhooff, Duiker.

Handlung: Duiker klärt Verhooff über die Reise des Bildes auf.

Widerstände: Verhooff behauptet, dass er mitgemacht hätte, wenn Duiker ihn von Anfang an eingeweiht hätte, aber sie glaubt ihm nicht.

Wendepunkt: Verhooff fühlt sich versöhnt mit Duiker und der Welt.

Einstieg: Duiker hat Verhooffs Lehrer Shorto um ein Essay gebeten.

Ausstieg: Verhooff sieht Duiker nach, als sie mit dem Rad davonfährt.

Sonstiges: Verhooff lässt sich auf einen Deal mit der Kunsträuberin ein, wodurch er zu ihrem Komplizen wird. Dadurch wird es auch immer schwieriger oder nahezu unmöglich, Duiker anzuzeigen.

Szenennummer: 25

Szenentitel: Bredouille.

Szenenziel: Der Leiter des MoMA will sich den Rothko leihen.

Ort: Museum.

Zeit: Wiedereröffnung.

Figuren: Verhooff, Leiter des MoMA.

Handlung: Der Leiter des MoMA will eine Rothko-Retrospektive machen und schwärmt, wie gut erhalten *Untitled No. 18* ist.

Widerstände: Verhooff erklärt dem Leiter des MoMA nicht, warum das Bild so gut erhalten ist.

Wendepunkt: Verhooff flieht aus dem Museum.

Einstieg: Der Leiter des MoMA spricht Verhooff an.

Ausstieg: Verhooff flieht.

Sonstiges: Das Ende bleibt offen.

Gesamtanalyse: Die Novelle *Duell* wirft einen kritischen Blick auf den Kunstmarkt und stellt Fragen wie: Was ist Kunst und was ihr Wert? Handelt es sich um einen materiellen oder ideellen Wert? Und für wen wird Kunst eigentlich gemacht? Für reiche Sammler, die die Werke unter Verschluss halten, für Museumsbesucher in klimatisierten Räumen oder für die gewöhnlichen Menschen auf der Straße? Das titelgebende *Duell* ist nicht nur eine Ausstellung, sondern zugleich das Leitthema der Novelle. Es findet ebenso zwischen Duiker und Verhooff statt wie zwischen dem Kunstbetrieb und seinen Rebellen sowie unterschiedlichen Ideen von Kunst.

Die Konflikte auf den verschiedenen Ebenen und die zunehmenden Verstrickungen des Protagonisten sind die Hauptmittel zur Spannungserzeugung. Hinzu kommt die innere Zerrissenheit des Protagonisten, die dazu führt, dass er seine Kontrahentin nicht wirklich bekämpft, weil er sich ihr ideell nahe fühlt. Dass nun ausgerechnet Verhooff dem Kunstwerk Schaden zufügt, hält die Spannung ebenso wie die Tatsache, dass er seine Kontrahentin am Ende um Hilfe bitten muss, wodurch die Komplizenschaft besiegelt ist und Verhooff ebenfalls zum Kriminellen wird.

Wie bei Bärfuss und Kehlmann geht es auch bei Zwagerman in Teilen der Novelle um eine Jagd, in diesem Fall die Jagd nach dem Kunstwerk, das gerettet werden muss, bevor der Kunstraub auffällt. Die zahlreichen Wendungen sorgen für Spannung: Erst wird die Kunstdiebin von den Medien gefeiert, weil sie eine so gute Kopistin ist, dann stellt sich heraus, dass sie genau diese Fähigkeiten dazu genutzt hat, das Original zu stehlen. Statt die Polizei einzuschalten, macht sich der Protagonist selbst auf den Weg, was einer Art Seitenwechsel gleichkommt. Und weil er sich immer weiter verstrickt, wird auch seine Mitschuld immer größer, was eine Aufdeckung zum Skandal machen würde. Zuletzt ist er zum Haupttäter geworden, der fliehen muss.

IX. Reportagen als Beispiele

1. *Der letzte Saurier* (Willeke 2011)

Inhalt: Die Reportage *Der letzte Saurier* von Stefan Willeke, erschienen 2011 in der *ZEIT* und 2012 mit dem Henri-Nannen-Preis ausgezeichnet, beschreibt den RWE-Manager Jürgen Großmann auf einer Reise nach Japan und bietet einen Einblick in sein persönliches Leben: Wie er als *letzter Saurier* zunehmend auf verlorenem Posten für die Atomkraft kämpft und dabei selbst immer mehr ins Zweifeln kommt.

Für seine Reportage begleitet Willeke den Manager Großmann auf einer dreitägigen Reise nach Japan, wo er sich mit einem Geschäftsmann der japanischen Atomindustrie treffen will. Obwohl das Meeting sein wichtigster Termin ist und er es als Chance versteht, um die Wichtigkeit seiner Person und seines Kampfes gegen den Atomausstieg zu demonstrieren, kommt Großmann zu spät zu dem Treffen.

Am Abend desselben Tages trifft er sich noch mit japanischen Managern zum Essen in einem Restaurant. Einer der Manager erzählt, wie Großmann einmal auf einen Fabrikschlot kletterte, um mit einem Kameramann Videoaufnahmen für einen Imagefilm zu drehen, weil ihm damals die Miete für einen Helikopter zu teuer war. Dass Großmann nicht nach Fukushima fährt, begründet er damit, dass er keine Genehmigung erhalten habe und überdies nicht wisse, was er dort solle.

Immer wieder schweift Großmann ab, erwähnt, wie gut er in der Schule war, in welchen Ländern er studiert hat, in welchem Alter er den ersten Vorstandsposten innegehabt hatte, wie viel er verdient und welches Auto er fährt. Obwohl er sich als starken und überlegenen Charakter darstellt, erfährt der Leser zugleich von seinen Zweifeln und den Anfeindungen, denen er ausgesetzt ist, bis hin zu Morddrohungen.

Aufbau und Struktur: Die Reportage *Der letzte Saurier* ist fünfzehn Onlineseiten lang. Für das Eskalationsmodell wurden insgesamt dreiunddreißig Szenen identifiziert. Es gibt viele Spannungsplateaus, die größtenteils dadurch entstehen, dass zahlreiche Hintergrundinformationen gegeben werden, die einzig dazu dienen, Großmanns Grandiosität zu betonen, und die Spannung deswegen nicht zu steigern vermögen, zumal es etliche Wiederholungen und Redundanzen gibt.

Nachdem die Reportage in der ersten Szene mit einer Provokation eröffnet wird, die darin besteht, dass Großmann ein Atomkraftwerk kaufen will, bleibt die Spannung in Szene 2 und Szene 3 erst einmal auf einem Plateau, da in diesen Szenen nur Informationen aus der Vergangenheit und bezüglich seines Charakters gegeben werden – wie Großmann sein erstes Stahlwerk gekauft hat und was für ein „Grizzly" er sei. Obwohl auch Szene 4 nur die Vergangenheit beschreibt, trägt sie dennoch zur Spannungssteigerung bei, weil in ihr deutlich wird, dass Großmann ein Mensch ist, der sich niemals irgendwo anpassen oder einfügen wird.

Der Zeitsprung in der fünften Szene, der mit einer Antizipation einhergeht und andeutet, dass Großmann nach dem Vorfall in Fukushima gehasst werden wird, führt zu einem Spannungsanstieg, dem die Spannungsspitze in Szene sechs durch eine hohe Informationsdichte allerdings wieder genommen wird. In der siebten Szene wird das *One-Way Gate* durchschritten, der Deal mit den Japanern ist geplatzt, Großmann bekommt das Atomkraftwerk nicht. Der Asiate, mit dem er sich in Japan treffen wollte, hatte schon früher einen Termin platzen lassen (Szene 8) und auch der Umweltminister der CDU war nicht gesprächsbereit (Szene 9).

Der nächste Block beinhaltet zu Beginn (Szene 10 und Szene 11) zwei Spannungsanstiege, die vor allem auf den Widerständen beruhen, mit denen Großmann zu kämpfen hat. Die RWE-Aktie stürzt ab, aber Großmann muss sie den Investoren dennoch schönreden (Szene 10) und das Tepco-Management verweigert ihm den Besuch des Atomkraftwerks in Fukushima (Szene 11). Die darauf folgenden Szenen (Szene 12 bis

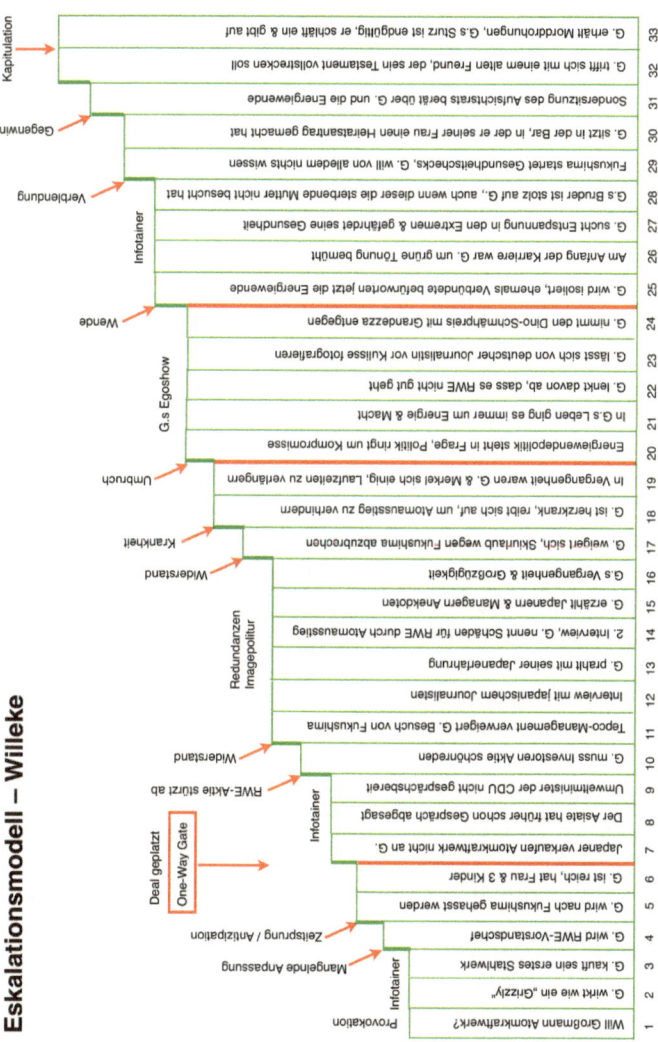

Szene 16) bilden das breiteste Spannungsplateau der Reportage. Sie enthalten zahlreiche Redundanzen und dienen vor allem der Imagepolitur des Managers. Er wird von einem japanischen Journalisten interviewt (Szene 12), prahlt mit seiner Japanerfahrung (Szene 13) und erzählt grandiose Anekdoten über sich selbst (Szene 14 bis Szene 16).

Erst in der siebzehnten Szene erfolgt der nächste Spannungsanstieg, der erneut durch einen Widerstand entsteht, dieses Mal auf Seiten Großmanns, der sich weigert, seinen Skiurlaub abzubrechen, als es zur Reaktorkatastrophe von Fukushima kommt. Auch in der achtzehnten Szene steigt die Spannung an, als das Image Großmanns erste Risse bekommt: Großmann ist herzkrank, angeblich weil er sich im Kampf gegen den Atomausstieg so aufgerieben hat. Der nächste Sprung in die Vergangenheit, in der Merkel und Großmann sich immer einig waren (Szene 19), führt zu einem erneuten Spannungsplateau.

Danach folgen zwei Spannungsspitzen (Szene 20 und Szene 25), beide jeweils gefolgt von zwei Plateauphasen, einmal einer erneuten Imagepolitur geschuldet (Szene 21 bis Szene 24) und einmal der Informationsvergabe (Szene 26 bis Szene 28). Der Spannungsanstieg in Szene 20 wird dadurch bedingt, dass die Energiewendepolitik nach Fukushima in Frage steht und die Politik um Kompromisse ringt. In den Szenen 21 bis 24 geht es dann wieder um Großmanns Leben und seine Vergangenheit sowie darum, wie er sich von den Medien ablichten lässt und sogar den Dino-Schmähpreis mit Grandezza entgegennimmt. Szene 25 ist eine Art Schlüsselszene, weil ehemalige Verbündete sich von Großmann abwenden, der nun auf verlorenem Posten steht und isoliert ist. Die Szenen 26 bis 29 vermögen die Spannung nicht zu steigern, da in ihnen vorwiegend wieder Informationen zu Großmanns Vergangenheit gegeben werden.

Der nächste Spannungsanstieg in der neunundzwanzigsten Szene ist Großmanns Verblendung zu verdanken: Obwohl Fukushima Gesundheitschecks startet, will er von alledem nichts wissen. Ein kurzer Sprung in die Vergangenheit (Szene 30) kupiert die Spannungsspitze, bevor die Spannung in der einunddreißigsten Szene wieder ansteigt, weil Großmann Gegenwind erfährt, als der Aufsichtsrat über ihn berät. Dies führt zum nächsten Spannungsanstieg in der zweiunddreißigsten Szene, in der

Großmann einen Freund bittet, sein Testament zu vollstrecken, was dem Eingeständnis einer Kapitulation gleichkommt (Szene 33).

Beispielszenen: Exemplarisch herausgegriffen werden die Szenen 7, 17, 20, 25 und 33. Die ersten vier ausgewählten Szenen veranschaulichen gut, welchen antagonistischen Kräften Großmann ausgesetzt ist und welchen Widerstand er selbst leistet, so dass sich der Konflikt zwischen ihm und der deutschen Politik respektive den deutschen Medien sowie den Japanern immer weiter zuspitzt. Szene 33 wurde ausgewählt, weil sie Großmanns folgerichtigen und unabwendbaren Sturz sowie seine Kapitulation zeigt.

Szenennummer: 7

Szenentitel: Deal geplatzt.

Szenenziel: Die Japaner lassen den Deal mit Großmann platzen, weil ihnen das Risiko zu groß ist.

Ort: Tokyo, Restaurant.

Zeit: Juni 2011.

Figuren: Großmann, japanischer Geschäftsmann.

Handlung: Großmann könnte das Kraftwerk in England aufstellen, aber die Japaner scheuen das Risiko.

Widerstände: Der japanische Geschäftsmann fordert, dass die britische Regierung und RWE einen Teil des Risikos tragen.

Wendepunkt: Der Japaner kippt den Deal.

Einstieg: Großmann könnte das Kraftwerk in England aufstellen.

Ausstieg: Es wird nur das Risiko der Investition erwähnt, nicht aber das der Kernspaltung.

Sonstiges: Großmann wird als abgeklärter Manager dargestellt, der sachlich und knapp reagiert, wenn ein Deal platzt.

Szenennummer: 17

Szenentitel: Großmann im Skiurlaub.

Szenenziel: Großmanns Grandezza und Abgebrühtheit.

Ort: Skigebiet Arosa Lenzerheide.

Zeit: 11. März 2011.

Figuren: Großmann, seine Familie, Gerd Jäger (Chef der Sparte Kraftwerk im Konzern).

Handlung: Jäger ruft Großmann im Urlaub an und erzählt ihm von Fukushima. Obwohl er ihn bittet zu kommen, um sich der Sache zu widmen, will Großmann den Urlaub nicht abbrechen.

Widerstände: Großmann weigert sich, seinen Urlaub abzubrechen.

Wendepunkt: Später wird Großmann sagen, dass kein Tag sein Leben so verändert habe wie der 11. März 2011.

Einstieg: Großmann im Sessellift.

Ausstieg: Großmann behauptet, schon Schlimmeres überstanden zu haben.

Sonstiges: Zum ersten Mal zeigt sich, dass Großmann auch anders sein kann, als großkotzig und gewinnorientiert.

Szenennummer: 20

Szenentitel: Die Welt steht Kopf.

Szenenziel: Fukushima verändert alle bisherigen politischen Absprachen.

Ort: Deutschland.

Zeit: März 2011.

Figuren: Großmann.

Handlung: Nach Fukushima ringt die Politik um Kompromisse.

Widerstände: Der Prozess ist unabsehbar.

Wendepunkt: Die Energiewendepolitik steht nach der Katastrophe von Fukushima in Frage.

Einstieg: Fernsehbilder von Fukushima.

Ausstieg: Das Stimmendurcheinander der Politiker.

Sonstiges: Großmanns Gesetze gelten plötzlich nicht mehr.

Szenennummer: 25

Szenentitel: Die Wende.

Szenenziel: Großmann befindet sich auf dem absteigenden Ast.

Ort: Deutschland.

Zeit: März bis April 2011.

Figuren: Großmann, Merkel, Chefs der Schwerindustrie.

Handlung: Nach Fukushima wird Großmann isoliert, ehemals Verbündete befürworten die Energiewende. Fehler werden allesamt ihm angelastet. Großmann sucht nach neuen Geldquellen.

Widerstände: Heckenschützen feuern auf Großmann.

Wendepunkt: Verbündete lassen Großmann im Stich.

Einstieg: Es wird einsam um Großmann.

Ausstieg: Der Atomausstieg bringt Großmann in eine unübersichtliche Lage.

Sonstiges: Das Blatt scheint sich gegen Großmann zu wenden.

Szenennummer: 33

Szenentitel: Breakdown.

Szenenziel: Großmann wird zu Fall gebracht.

Ort: Deutschland.

Zeit: Keine konkrete Zeit.

Figuren: Großmann, Jäger (Fachmann von RWE), Kellner.

Handlung: Arbeiter abgeschalteter Atomkraftwerke werden Großmann Vorwürfe machen. Großmann wird seine Biographie aus den Trümmern von Fukushima retten müssen. Fukushima wurde nicht durch das Restrisiko verursacht, sondern durch einen zu niedrigen Wall gegen den Tsunami. Großmann bekommt Morddrohungen.

Widerstände: Die Trümmer, die Großmanns Biographie zuzuschütten drohen, und die Morddrohungen.

Wendepunkt: Großmanns Sturz ist endgültig. Er muss sehen, was er noch retten kann.

Einstieg: Enttäuschte Arbeiter werden Großmann Vorwürfe machen.

Ausstieg: Großmann ist eingeschlafen.

Sonstiges: Der Grund für den Ausstieg in Deutschland ist nicht ganz korrekt, der Ausstieg selbst aber schon. Großmann kapituliert.

Gesamtanalyse: Der Text hat sehr viele Zeitsprünge. Er wechselt rasch zwischen Vergangenheit und Gegenwart und führt oftmals schon nach ein paar Sätzen eine neue Zeitebene ein. Ähnlich verhält es sich mit der Thematik. Auch inhaltlich springt die Reportage sehr schnell zwischen den verschiedenen Themen und greift oft wenige Zeilen später einen neuen Aspekt auf, der zu dem vorherigen nicht oder nur in mittelbarer Verbindung steht.

Würde man den Text zerlegen und neu zusammensetzen, würden sich im Großen und Ganzen drei Themenblöcke ergeben: Eine Biographie Großmanns, die sich in großen Teilen um seine Berufsanfänge dreht, ein Einblick in sein aktuelles Berufsleben und die sich ergebenden Widerstände sowie eine Charakterisierung Großmanns sowohl als Manager als auch als Privatperson, weswegen die Reportage in einigen Zügen einem Porträt gleicht.

Spannungsanstiege ergeben sich immer dann, wenn Konflikte in Großmanns Berufsleben zur Sprache kommen und die antagonistischen Kräfte benannt und dargestellt werden. Die meisten Spannungsanstiege und Spannungsspitzen werden allerdings schnell wieder kupiert, indem sehr viele Hintergrundinformationen gegeben werden oder eine Charakterisierung beziehungsweise Glorifizierung Großmanns erfolgt.

Das Element der Irritation, das als Spannungsmittel eingesetzt werden kann und in der Reportage vor allem durch Zeitsprünge entsteht, führt in diesem speziellen Fall eher dazu, dass kein Spannungsanstieg erfolgt, da die sehr sprunghafte Struktur der Reportage zu Lasten der Orientierung geht und der Leser gezwungen ist, Zeilen und Absätze mehrfach zu lesen, um sich zeitlich zu orientieren und den Überblick zu behalten.

Hauptfaktoren für die Spannung sind die zahlreichen Konflikte auf gesellschaftlicher und politischer Ebene und die sich daraus ergebenden Widerstände. Ein weiteres Spannungselement sind die Umbrüche, die sich aus der politischen Geschichte der Atomkraft sowie deren Folgen für alle Beteiligten ergeben. Auch Großmanns starrer Charakter trägt zur Spannungssteigerung bei, weil dieser ein großes Konfliktpotential birgt.

2. *Der Getriebene* (Faller 2012)

Inhalt: *Der Getriebene* ist eine Reportage von Heike Faller, die 2012 in der *ZEIT* erschien und 2013 mit dem Henri-Nannen-Preis ausgezeichnet wurde. Für die Reportage hat die Journalistin einen jungen pädophilen Mann, der in der Reportage mit dem Pseudonym „Jonas" bezeichnet wird, ein Jahr lang bei seiner Teilnahme an einer Gruppentherapie in der Berliner Charité begleitet. Dafür hat sie ihn alle paar Wochen zwischen Zugankunft und Therapiebeginn getroffen, um mit ihm über seine Fortschritte sowie Rückschläge zu reden. Jonas selbst bezeichnet die Therapie als letzte Chance, auch wenn es für ihn nie ein Happy End mit „Frau, Kind und Haus" geben werde.

Jonas' Therapieziel ist es, seine Neigungen, kinderpornographische Filme zu sehen, zu unterdrücken; sexuell übergriffig war er nie. Jonas findet Gewaltdarstellungen zwar erregend, hat aber zugleich Mitleid mit den Opfern, weswegen er mit dem Ansehen kinderpornographischer Filme aufhören möchte. Bevor er die Chance zur Gruppentherapie in der Berliner Charité erhielt, hatte er sogar darüber nachgedacht, sich umzubringen, um den Kampf in seinem Inneren endlich zu beenden.

Immer wieder unternimmt Jonas Anläufe, seiner Schwester von seinen Neigungen zu erzählen, aber nie scheint der richtige Zeitpunkt zu sein und auch der Rest der Familie weiß nichts von seinen Problemen. Jonas hat Angst, dass seine Eltern und seine Schwester ihn verachten, wenn sie davon erfahren. Zugleich ist er es leid, sich immer verstellen und alles mit sich allein ausmachen zu müssen.

Das Therapieprogramm, das an der Berliner Charité angeboten wird, ist verhaltenstherapeutisch ausgerichtet und basiert auf der Idee, dass Menschen nur das beeinflussen können, was sie als Teil ihres Selbst akzeptieren, da sie nur auf diese Weise Gefahrensituationen einschätzen und ihr Verhalten danach ausrichten können. In der Therapie geht es also weniger um Heilung als vielmehr darum, Kontrolle über die Neigungen und Triebe zu erhalten. Zusätzlich können testosteronsenkende Medikamente eingesetzt werden, die auch bei Jonas zur Anwendung kommen.

Nach einem halben Jahr Therapie erzählt Jonas der Gruppe, dass er Kinderpornos angesehen hat, und als er erlebt, dass ihn deswegen niemand verurteilt, erzählt er es eine Woche später auch seiner Schwester, die ihn ebenfalls nicht angreift, sondern lediglich sagt: „Die Welt dreht sich weiter", um sich danach intensiver denn je um Jonas zu kümmern. Davon ermutigt erzählt er es seinen Eltern, die ebenfalls verständnisvoll reagieren. Ein Erfolg für Jonas, für den dennoch das Gefühl bleibt, sein Leben lang gegen seine Veranlagung kämpfen zu müssen.

Aufbau und Struktur: Die Reportage *Der Getriebene* ist dreizehn Onlineseiten lang. Für das Eskalationsmodell wurden insgesamt dreißig Szenen identifiziert. Es gibt drei größere Spannungsplateaus, die vor allem dadurch entstehen, dass in diesen Szenen viele Hintergrundinformationen gegeben werden. In der ersten Szene kommt die Geschichte dadurch in Gang, dass Jonas den Versuch einer Veränderung unternimmt. Noch besteht die gewohnte Welt, aber wenn alles gut läuft, wird es zu einer großen Wende kommen, die einer vollständigen Transformation gleicht.

In der zweiten Szene werden moralische Fragen aufgeworfen, die zwar interessant sind, aber die Spannung ebenso wenig steigern wie die Informationen über das Therapiesetting in der Berliner Charité (Szene 3). Erst die vierte Szene führt zum Spannungsanstieg, weil sich in ihr der Protagonist unter dem Pseudonym Jonas bereit erklärt, sich während seiner einjährigen Gruppentherapie von einer Journalistin begleiten zu lassen. Das Vorgespräch in der Berliner Charité (Szene 5) liegt dann auf dem gleichen Spannungsniveau, weil es keine großen Neuigkeiten beinhaltet.

Erst die sechste Szene führt wieder zum Spannungsanstieg, weil Jonas in ihr den Versuch unternimmt, sich seiner Schwester zu offenbaren, wenn auch unter einem falschen Label: Statt seine Pädophilie als Therapiegrund zu nennen, erzählt er seiner Schwester, dass er unter Depressionen leidet. Die siebte Szene führt ebenfalls zu einem Anstieg der Spannung, weil in ihr deutlich wird, wie sehr der Protagonist seit seinem

Eskalationsmodell – Faller

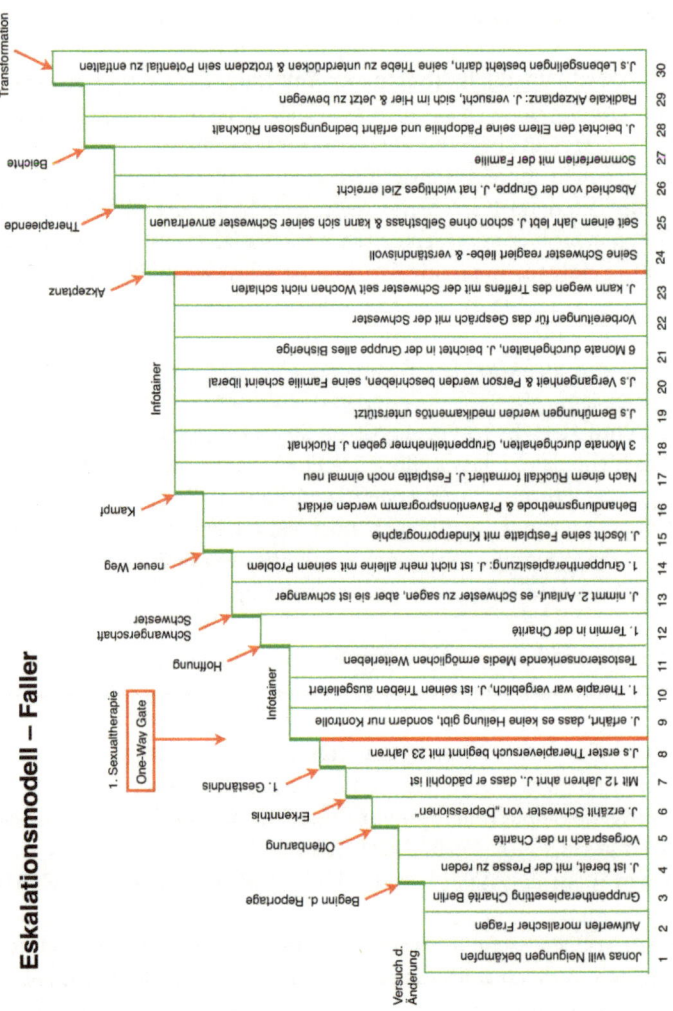

zwölften Lebensjahr mit der Krankheit kämpft. Und auch sein erstes Geständnis in der ersten Therapie, die er im Alter von dreiundzwanzig Jahren gemacht hat, steigert die Spannung (Szene 8) und führt unmittelbar zum *One-Way Gate*, das durchschritten wird, als Jonas von seinem ersten Therapeuten erfährt, dass es keine Heilung gibt, sondern nur die Möglichkeit der Kontrolle seiner Krankheit (Szene 9).

Szene 10 und Szene 11, in denen klar wird, dass der erste Therapieversuch gescheitert ist, Jonas aber dank testosteronsenkender Medikamente weiterleben kann, belassen die Geschichte auf dem erreichten Spannungsniveau. Neue Hoffnung und damit einen Anstieg der Spannung findet sich in der zwölften Szene, in der Jonas den ersten Termin in der Berliner Charité hat. Und auch die nächste Szene, in der Jonas einen zweiten Versuch unternimmt, seiner Schwester seine Pädophilie zu gestehen (Szene 13), führt zu einem Anstieg der Spannung, die sodann auf einem Plateau gehalten wird, als Jonas in der ersten Gruppensitzung erfährt, dass er mit seinem Problem nicht allein ist (Szene 14).

In Szene 15 führt Jonas' Entscheidung für einen neuen Weg und das daraus resultierende Löschen der Festplatte seines Computers zu einem Spannungsanstieg, dem ein kurzes Spannungsplateau folgt, als die Behandlungsmethode und das Präventionsprogramm beschrieben werden (Szene 16). Jonas' Rückfall (Szene 17) führt zum nächsten Spannungsanstieg, dem ein langes Spannungsplateau folgt, weil in den Szenen 18 bis 23 viele Hintergrundinformationen bezüglich des Therapieverlaufs, Jonas' Vergangenheit und der Vorbereitung auf das Gespräch mit der Schwester gegeben werden.

Szene 24 markiert einen Wendepunkt und führt zum Anstieg der Spannung: Jonas' Schwester reagiert, entgegen seiner Ängste und Befürchtungen, verständnis- und liebevoll und akzeptiert Jonas mit allen seinen Schwierigkeiten, so dass Jonas in ihr eine neue Verbündete im Kampf gegen seine Krankheit hat (Szene 25). Das Ende der Therapie in der Berliner Charité führt zu einem weiteren Spannungsanstieg (Szene 26), da sich die Frage stellt, wie Jonas ohne die Unterstützung der Gruppe zurechtkommen wird. In der siebenundzwanzigsten Szene kommt es zu keinem weiteren Anstieg der Spannung, da in ihr beschrieben wird, wie Jonas mit seiner Familie in die Sommerferien fährt.

Die Beichte seinen Eltern gegenüber lässt die Spannung wieder ansteigen (Szene 28) und führt nach deren Bekunden ihrer bedingungslosen Liebe zu einem Plateau, da Jonas versucht, sich ausschließlich im Hier und Jetzt zu bewegen (Szene 29). Der letzte Spannungsanstieg verdankt sich der Transformation, die Jonas am Ende der Therapie durchgemacht hat und die dazu führt, dass er akzeptiert, seine Triebe ein Leben lang unterdrücken zu müssen und dennoch sein Potential entfalten zu können (Szene 30).

Beispielszenen: Exemplarisch herausgegriffen werden die Szenen 7, 15, 24 und 30. In der siebten Szene wird der Kampf deutlich, den Jonas seit frühester Jugend führt und der ihn an den Punkt gebracht hat, an dem die Geschichte einsetzt. Szene 15 ist deswegen von Bedeutung, weil sie einen Wendepunkt markiert, da Jonas sich in ihr für einen neuen Weg entscheidet. Szene 24 markiert einen weiteren Wendepunkt, an dem seine Schwester ihn trotz seiner Krankheit voll akzeptiert und liebevoll unterstützt. Die letzte Szene (Szene 30) zeigt schließlich Jonas' Transformation.

Szenennummer: 7

Szenentitel: Die ganze Wahrheit.

Szenenziel: Darstellung von Jonas' Vergangenheit.

Ort: Kein konkreter Ort.

Zeit: Jonas' Vergangenheit.

Figuren: Jonas.

Handlung: Mit zwölf Jahren ahnt Jonas zum ersten Mal, dass seine sexuellen Neigungen für ihn viele Schwierigkeiten in seinem Leben bereithalten werden. Mit siebzehn Jahren hat Jonas die Gewissheit, dass er pädophil ist, und hat Angst, entdeckt und für seine Neigungen bestraft zu werden.

Widerstände: Schon damals erfuhr niemand von Jonas' Ängsten.

Wendepunkt: Bereits mit zwölf Jahren entdeckt Jonas seine Neigungen.

Einstieg: Jonas' Versprechen, die ganze Wahrheit zu erzählen.

Ausstieg: Jonas bezeichnet sich selbst als pervers.

Sonstiges: Jonas' Kampf beginnt schon in frühester Jugend.

Szenennummer: 15

Szenentitel: Jonas löscht die Festplatte seines Computers.

Szenenziel: Jonas bekräftigt seine Entscheidung für den neuen Weg.

Ort: Jonas' Wohnung.

Zeit: Mai 2011, zwei Tage nach der ersten Therapiestunde.

Figuren: Jonas.

Handlung: Jonas lässt ein Löschprogramm über die Festplatte seines Computers laufen, wenn auch nicht zum ersten Mal.

Widerstände: Es ist nicht das erste Mal, dass Jonas die kinderpornographischen Bilder auf seinem Computer löscht.

Wendepunkt: Jonas löscht alle Bilder.

Einstieg: Zwei Tage nach der Therapiestunde.

Ausstieg: Alle Bilder sind gelöscht.

Sonstiges: Jonas' fortgesetzte Bemühungen, seinen Trieben zu widerstehen.

Szenennummer: 24

Szenentitel: Versöhnung mit der Schwester.

Szenenziel: Die Schwester akzeptiert Jonas trotz seiner Pädophilie.

Ort: Zug, Park der Stadt, in der die Schwester lebt.

Zeit: März 2012.

Figuren: Jonas, Jonas' Schwester.

Handlung: Jonas sitzt im Zug zu seiner Schwester und spielt im Kopf alle möglichen Szenarien durch. Für den Fall, dass seine Schwester ihn bitten sollte zu gehen, hat er einen Brief dabei.

Widerstände: Jonas' Angst.

Wendepunkt: Die SMS seiner Schwester mit einem „OK".

Einstieg: Jonas' Zugfahrt zu seiner Schwester.

Ausstieg: Seine Schwester weint um Jonas und sein schwieriges Schicksal.

Sonstiges: Jonas' Schwester reagiert liebe- und verständnisvoll.

Szenennummer: 30

Szenentitel: Transformation.

Szenenziel: Jonas' Lebensgelingen besteht darin, seine Triebe zu unterdrücken.

Ort: Kein konkreter Ort.

Zeit: Keine konkrete Zeit.

Figuren: Jonas.

Handlung: Jonas wird für seine Bemühungen kein Bundesverdienstkreuz bekommen und ist trotzdem überzeugt, das Richtige getan zu haben.

Widerstände: Fehlende Anerkennung seiner Leistungen durch die Öffentlichkeit.

Wendepunkt: Seine Familie liebt Jonas so, wie er ist.

Einstieg: Was ist ein gelungenes Leben?

Ausstieg: Jonas' Familie weiß um seinen Kampf.

Sonstiges: Jonas hat sein persönliches Ziel erreicht und Frieden mit sich und seiner Krankheit geschlossen.

Gesamtanalyse: Den roten Faden der Reportage bildet Jonas' Therapieverlauf. Zwischendurch wird mit Rückblenden in die Vergangenheit gearbeitet, mit Kindheits- und Studienerinnerungen sowie Erinnerungen an Familienerlebnisse. Außerdem baut die Journalistin in der Mitte der Reportage einen größeren Wissensteil ein, in dem der Leser etwas über Pädophilie, die Berliner Charité und das Gruppentherapieprogramm erfährt. Die ganze Reportage über wird mit den Mitteln des Enthüllens und Verschweigens Spannung aufgebaut und mit der Hauptfrage, die erst am Ende beantwortet wird: Wird Jonas es schaffen, seine Triebe unter Kontrolle zu bekommen?

Die Unwägbarkeit des Therapieerfolges ist ein Hauptspannungsmittel, zumal sie zu wiederholten Antizipationsversuchen führt. Das Identifikationspotential, das durch die sorgsame Charakterisierung des Protagonisten ermöglicht wird, stellt ein weiteres wichtiges Spannungsmittel dar und erklärt, warum die Reportage zugleich als halbes Porträt angelegt ist. Anders als in der Reportage von Willeke führen die Zeitsprünge in dieser Reportage zu keinem Orientierungsverlust, weil sie klarer und sparsamer eingesetzt werden.

Die innere Ambivalenz des Protagonisten stellt ebenfalls eine Quelle der Spannungssteigerung dar, weil sie den inneren Konflikt und den daraus resultierenden Kampf des Protagonisten deutlich macht. Dabei kämpft der Protagonist nicht nur gegen seine Krankheit, sondern zugleich gegen seine Angst, sich seiner Familie zu offenbaren und für seine Neigungen verachtet zu werden. Ein doppeltes Konfliktpotential also, das bestens geeignet ist, die Spannung über den gesamten Text hinweg aufrechtzuerhalten.

3. *Die Liebe seines Lebens* (Gezer 2013)

Inhalt: In der Reportage *Die Liebe seines Lebens* von Özlem Gezer, die 2013 im *Spiegel* erschien und 2014 mit dem Henri-Nannen-Preis ausgezeichnet wurde, geht es um Cornelius Gurlitt (80 Jahre alt), dessen Kunstsammlung von der Staatsanwaltschaft beschlagnahmt wird. Eine Sammlung aus der NS-Zeit im Wert von mehreren Millionen Euro, die Gurlitt von seinem Vater geerbt hat, der Geschäfte mit den Nazis gemacht haben soll. Aufgefallen ist Gurlitt den Zollfahndern, als er bei einer Zugfahrt von der Schweiz nach Deutschland neuntausend Euro Bargeld bei sich hatte und behauptete, nicht gewusst zu haben, dass es verboten ist, so viel Bargeld unangemeldet über die Grenze zu bringen.

Gurlitt lebt zurückgezogen. Er hat weder Freunde noch Familie und redet abends mit seinen Bildern, die ihn an seinen Vater erinnern. Seine Wohnung verlässt er selten, Arztrechnungen zahlt er bar, Hotelzimmer bucht er per Post. Er lebt in seiner eigenen Welt, hat nie gearbeitet, immer nur Bilder verkauft, sobald er Geld benötigte. Er sieht kein Fernsehen und liest keine Zeitungen; was in der Welt vor sich geht, interessiert ihn nicht, seine Lebenserfahrungen stammen aus Büchern.

Für sein Unglück macht Gurlitt immer andere verantwortlich, wie etwa seine Mutter, die damals nach München wollte, oder seine Schwester, die vor ihm gestorben ist und ihm deswegen jetzt nicht helfen kann. Sogar die Deutsche Bahn erklärt Gurlitt für schuldig an seinem Zustand, weil die Mitarbeiter ihm einen Zettel mit der Erklärung hätten geben müssen, dass man so viel Bargeld nicht mit sich führen darf. Gurlitt versteht nicht, was man von ihm will und warum er angeklagt wird. Die Bilder versteht er als sein Privateigentum und er behauptet, nichts Böses getan zu haben. Er will einzig seine Bilder zurück: Sie sind die Liebe seines Lebens.

Gurlitt ist schwer herzkrank und braucht bereits für dreihundert Meter ein Taxi. Der Arzt seines Vertrauens praktiziert hundert Kilometer von Gurlitts Wohnort entfernt und doch nimmt Gurlitt die Fahrt in Kauf, weil er nur ihm vertraut, wie er insgesamt ein misstrauischer Mensch ist, sein Leben auf Gewohnheiten beruht und Veränderungen ihn verunsichern. Gurlitts Kindheit war behütet, aber voller Umbrüche und Abschiede. Er war sehr auf seinen Vater fixiert, eigenständiges Denken und Handeln hat er nicht entwickelt, weil ihm immer alles abgenommen wurde und er nie für seinen Unterhalt arbeiten musste. Für Verbrechen in Zusammenhang mit den Bildern lehnt er jede Verantwortung ab.

Aufbau und Struktur: Die Reportage *Die Liebe seines Lebens* ist fünf Zeitungsseiten lang. Für das Eskalationsmodell wurden insgesamt dreiundzwanzig Szenen identifiziert, von denen einige über mehrere Absätze gehen. Die erste Szene ist ein dramatischer Auftakt: Fremde dringen in Gurlitts Welt und zerstören seine Stille und Einsamkeit. In der zweiten Szene folgt gleich der zweite Übergriff, der mindestens so invasiv ist wie das Eindringen der Staatsgewalt in Gurlitts Wohnung: Ein psychologischer Dienst erscheint und bietet Unterstützung an.

Nachdem der Einstieg auf einem sehr hohen Spannungsniveau erfolgt, wird in den Szenen 3 bis 5 das Spannungsplateau gehalten, weil in diesen Szenen vor allem die nötigen Informationen für den spannenden Auftakt nachgeliefert werden. Nachdem der Staat in Gurlitts Wohnung eingedrungen ist, belagert nun die Presse seine Wohnung und es stellt sich die Frage nach Recht und Unrecht und danach, ob es sich bei den Bildern in Gurlitts Besitz um NS-Raubkunst handelt.

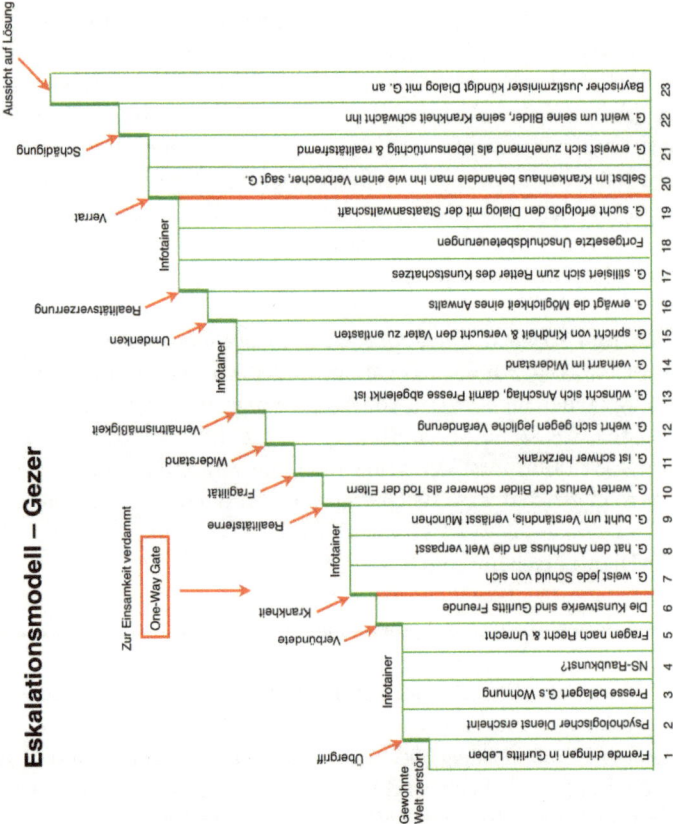

Gurlitt beharrt darauf, nichts Böses getan zu haben und der rechtmäßige Besitzer der Bilder zu sein. Er bezeichnet die Bilder als seine Freunde (Szene 6) und die emotionale Relevanz dieser Aussage für Gurlitts Leben und den Fortgang der Geschichte führt zum Spannungsanstieg, der in der siebten Szene einen weiteren Anstieg erfährt, da die Frage aufgeworfen wird, ob Gurlitt krank ist. Dass er seine Bilder als einzige Freunde bezeichnet, sagt eine Menge über Gurlitt aus und ist eine wichtige Information, um zu verstehen, warum der Verlust der Bilder ihn zur Einsamkeit verdammt und mit dieser Information das *One-Way Gate* durchschritten wird.

In der achten und neunten Szene weist Gurlitt jegliche Schuld von sich. Dabei wird deutlich, dass er den Anschluss ans Weltgeschehen und die Veränderungen verpasst hat, was zwar interessant ist, die Spannung allerdings nicht weiter zu steigern, sondern nur auf einem Plateau zu halten vermag. In der zehnten Szene steigt die Spannung wieder an, als Gurlitt den Verlust der Bilder schwerer gewichtet als den Tod seiner Eltern und man sich fragt, ob er an einer Realitätsverzerrung leidet.

Von der elften bis zur dreizehnten Szene kommt es in jeder Szene zum kontinuierlichen Spannungsanstieg, weil in diesen Szenen deutlich wird, dass Gurlitt schwer herzkrank und sehr fragil ist und er jede Veränderung als Bedrohung erlebt, gegen die er sich wehren muss, was ermessen lässt, was der Verlust der Bilder für ihn bedeutet. Besonders spannend ist die dreizehnte Szene, in der Gurlitt sich einen Anschlag wünscht, nur um die Aufmerksamkeit der Presse von sich abzulenken, wodurch klar wird, dass ihm jede Verhältnismäßigkeit abhandengekommen ist.

Es folgt ein erneutes Spannungsplateau (Szene 14 und Szene 15), weil Gurlitt in diesen Szenen im Widerstand verharrt und die Journalistin von seiner Kindheit erzählt. Ein Umdenken in der sechzehnten Szene, in der Gurlitt erwägt, einen Anwalt hinzuzuziehen, führt ebenso zum Spannungsanstieg wie die zunehmende Realitätsverzerrung in der siebzehnten Szene, in der Gurlitt sich zum Retter des Kunstschatzes stilisiert. Fortgesetzte Unschuldsbeteuerungen (Szene 18) und Klagen über die Staatsanwaltschaft (Szene 19) tragen zwar zu Gurlitts Charakterisierung bei, vermögen die Spannung aber nicht weiter zu steigern.

Der nächste Spannungsanstieg erfolgt in der zwanzigsten Szene, in der Gurlitt erzählt, wie er ein Bild verkaufen musste, um seine Arztrechnungen zu bezahlen. Aus dem bisher Erfahrenen kommt das dem Verrat eines Freundes gleich, weswegen auch das Spannungspotential dieser Szene hoch ist. Nach einer Szene mit Spannungsplateau (Szene 21), in der immer deutlicher wird, wie lebensuntüchtig Gurlitt ist, folgen zwei Szenen mit Spannungsanstieg (Szene 22 und Szene 23), in denen Gurlitt um seine Bilder weint, sich aber Hoffnung auf eine Lösung abzeichnet, weil der bayrische Justizminister angekündigt hat, mit Gurlitt in einen Dialog treten zu wollen.

Beispielszenen: Exemplarisch herausgegriffen werden die Szenen 1, 10, 17 und 22. Die erste Szene hat ein sehr hohes Spannungspotential, weil sie den massiven Übergriff zu Tage treten lässt, der Gurlitts gewohnte Welt zerstört. Die zehnte Szene wurde ausgewählt, weil in ihr deutlich wird, wie sehr Gurlitt in seiner eigenen Welt gefangen ist und den Bezug zur Realität verloren hat, was in der siebzehnten Szene erneut aufgegriffen wird, als er sich vom potentiellen Täter zum Retter des Kunstschatzes aufschwingt. Szene 22 zeigt dann, wie fragil und verletzlich Gurlitt ist und was der Verlust der Bilder für ihn bedeutet.

Szenennummer: 1

Szenentitel: Das Eindringen Fremder in Gurlitts Leben.

Szenenziel: Beschlagnahmung der Kunstwerke.

Ort: Gurlitts Wohnung.

Zeit: Februar 2012.

Figuren: Gurlitt, Zollfahnder, Beamte der Staatsanwaltschaft.

Handlung: Das Schloss von Gurlitts Wohnung wird aufgebrochen. Vier Tage lang werden die Kunstwerke sowie private Dinge verpackt und weggetragen.

Widerstände: Gurlitt leistet keinen äußeren Widerstand, sondern sitzt auf Anweisung in einem Sessel in der Ecke und ist still. Innerlich allerdings wehrt er sich gegen die Zumutung, die mit dem Vorgehen verbunden ist, und ist empört. Seine geliebten Bilder werden ihm genommen: „Vier Tage lang wickelten sie sein Leben in Tücher, verpackten es in Pappkartons und trugen es fort [...]." Mit dem Eindringen der Fremden existiert Gurlitts vertraute Welt nicht mehr.

Wendepunkt: Gurlitts vertrautes Leben verändert sich radikal und schlagartig.

Einstieg: Gurlitt wird im Schlafkleid von den Zollfahndern und den Beamten der Staatsanwaltschaft überrascht.

Ausstieg: Gurlitt ist wieder allein. Zollfahnder und Beamte der Staatsanwaltschaft haben alle Bilder eingepackt und sind wieder gegangen.

Sonstiges: Die Szene hat eine Art Kreisstruktur. Zunächst ist Gurlitt allein, dann dringen die Zollfahnder und Beamten der Staatsanwaltschaft in seine Wohnung ein und am Ende der Szene ist er wieder allein, allerdings ohne seine geliebten Bilder. Die vier Tage, die das Geschehen dauert, werden im Zeitraffer erzählt.

Szenennummer: 10

Szenentitel: Gurlitts Abschiede.

Szenenziel: Aufzuzeigen, wie fern Gurlitt von der Realität ist und dass er vielleicht gar nicht in der Lage ist, zu begreifen, was vor sich geht.

Ort: Zug.

Zeit: Eine Woche vor dem Schreiben der Reportage.

Figuren: Gurlitt, Gezer.

Handlung: Gurlitt zählt alle Abschiede seines Lebens auf und gewichtet dabei den Verlust seiner Bilder schwerer als den Tod seiner Eltern.

Widerstände: Gurlitt weigert sich, Verantwortung zu übernehmen.

Wendepunkt: Dass der Abschied von den Bildern ihm gewichtiger vorkommt als die Todesfälle in seiner Familie, rücken ihn in die Nähe des Wahnsinns.

Einstieg: Aufzählung der Todesfälle in seiner Familie.

Ausstieg: Gurlitts Wunsch und Hoffnung, die Bilder bald wiederzubekommen.

Sonstiges: Gurlitts Fähigkeit zur Gewichtung verschiedener Ereignisse wird in Frage gestellt.

Szenennummer: 17

Szenentitel: Retter des Kunstschatzes.

Szenenziel: Gurlitts verzerrte Wahrnehmung wird immer deutlicher.

Ort: Zug.

Zeit: Eine Woche vor dem Schreiben der Reportage.

Figuren: Gurlitt, Gezer.

Handlung: Gurlitt beteuert, nie etwas mit der Anschaffung der Bilder zu tun gehabt zu haben, sondern immer nur mit deren Rettung, und fordert, die Staatsanwaltschaft solle den guten Ruf seines Vaters wiederherstellen.

Widerstände: Gurlitt stilisiert sich zum Retter des Kunstschatzes.

Wendepunkt: Gurlitt fordert Dankbarkeit und die Wiederherstellung des väterlichen Rufes.

Einstieg: Gurlitt weiß auf die meisten Fragen keine Antworten.

Ausstieg: Gurlitt fordert, den guten Ruf seines Vaters wiederherzustellen.

Sonstiges: Durch die Verkehrung der Tatsachen wird deutlich, wie bizarr Gurlitts Welt und sein Denken sind.

Szenennummer: 22

Szenentitel: Arztbesuch.

Szenenziel: Gurlitts Gesundheitszustand hat sich verschlechtert.

Ort: Arztpraxis, Hotel.

Zeit: Arztbesuch.

Figuren: Gurlitt, Arzt.

Handlung: Gurlitt erfährt vom Arzt, dass die Aufregung um die Bilder seinem Herz geschadet hat. Wieder im Hotel angekommen, weint er, als er seine Bilder in der Zeitung sieht.

Widerstände: Gurlitts Krankheit fordert fast schon, dass man ihn schont.

Wendepunkt: Gurlitt ist schwerkrank.

Einstieg: Fahrt zur Arztpraxis.

Ausstieg: Gurlitts Weinen um seine verlorenen Bilder.

Sonstiges: Gurlitt scheint zunehmend in sich zusammenzufallen.

Gesamtanalyse: Die Reportage gleicht in vielen Punkten einem Porträt, da der Fokus auf dem Protagonisten Gurlitt liegt und nicht etwa auf der Straftat oder den Ermittlungen. Der Text verläuft nicht chronologisch, sondern wechselt schnell und sprunghaft zwischen Gegenwart und Vergangenheit. Informationen und Hintergründe werden immer wieder im Text verteilt. Es wird sehr szenisch gearbeitet; Atmosphärischem wird mitunter mehr Bedeutung beigemessen als Faktischem.

Der Text arbeitet mit zahlreichen Wiederholungen, die zum einen die Bedeutung bestimmter Sachverhalte für Gurlitt zum Ausdruck bringen und zum anderen deutlich machen, wie wichtig Strukturen und Gewohnheiten für ihn sind. Die Wiederholungen führen allerdings auch dazu, dass die Spannung in diesen Szenen nicht weiter ansteigt, sondern nur auf einem Spannungsplateau gehalten werden kann, wie das auch in den Szenen der Fall ist, in denen Informationen bezüglich Gurlitts Vergangenheit und Kindheit gegeben werden.

Dass die Vergangenheit fast mehr Bedeutung bekommt als der dramaturgische Spannungseffekt, mag unter anderem damit zusammenhängen, dass die Reportage eher einem Porträt gleicht, so dass die zu porträtierende Person stärker in den Fokus rückt als die Struktur und der Spannungsbogen der Reportage. Die Zugfahrt fungiert dabei als Geschichte innerhalb der Geschichte und geht mit einem großen Informationsblock einher, der nur ein Spannungsplateau zu bieten hat. Die Hauptspannungsmittel der Reportage sind Gurlitts Ambivalenz und die vielen offenen Fragen bezüglich der Ermittlungen.

Weiteres Spannungspotential ergibt sich aus dem Ideal-Ich des Protagonisten, das an die Vaterfigur angelehnt ist, und dem realen Ich, das fragil und schwach ist, beinahe kindlich, und das in seinen Zwängen verharrt, statt sich der aktuellen Situation zu stellen. Die zahlreichen Wiederholungen vermögen die Geschichte deswegen immerhin auf einem Spannungsplateau zu halten, weil durch sie deutlich wird, wie sehr Gurlitt in seinem eigenen Leben gefangen ist und wie wenig er auf aktuelle Geschehnisse zu reagieren vermag.

X. Zum Abschluss

1. Schlussfolgerungen aus den Analysen

Der Spannungsaufbau und die Mittel, mit denen Spannung erzeugt wird, unterscheiden sich nicht grundlegend in den untersuchten belletristischen und journalistischen Texten sowie dem Roman, der Novelle und den Erzählungen. Obwohl man vermuten könnte, dass ein Roman mehr Szenen hat als eine Erzählung oder Reportage, hat sich herausgestellt, dass die Szenenanzahl sowohl beim Roman als auch der Novelle sowie den Erzählungen und Reportagen ähnlich ist (16 bis 34 Szenen) und nur die Szenenlänge variiert. Auch gibt es kaum Unterschiede bezüglich der Szenenanzahl von belletristischen und journalistischen Texten, wenn überhaupt weist die journalistische Form tendenziell mehr Szenen auf, was sich dadurch erklären lässt, dass in den Reportagen mehr Zeitsprünge erfolgen.

Während die literarischen Texte über längere Passagen hinweg in einer Zeitebene verweilen, springen die Reportagen häufig zwischen Vergangenheit und Gegenwart und haben weniger und kürzere chronologische Passagen als die belletristischen Texte. Vielleicht verweist dies auf den Umstand, dass beim Zeitungsleser eine andere Aufmerksamkeitsspanne erwartet wird als beim Leser belletristischer Werke und die Journalisten diesem Umstand bereits beim Schreiben Rechnung tragen, indem sie hochfrequente Zeitsprünge und Themenwechsel vornehmen.

Die belletristischen Texte arbeiten häufiger als die journalistischen mit dem Prinzip der Verzögerung, was sich insbesondere an dem Roman von Bärfuss, der Novelle von Zwagerman und der Langerzählung von

Kehlmann erkennen lässt. Hier wird diese Verzögerung vor allem durch eine große Detaildichte erreicht, die sich insbesondere auf szenische und atmosphärische Elemente bezieht, was die Spannung besser zu halten beziehungsweise zu steigern vermag als die mitunter zahlreichen Informationsblöcke in den journalistischen Texten, die auch eine große Detaildichte und Genauigkeit aufweisen.

Hinsichtlich der Informationsvergabe wird die Geduld des Lesers in den journalistischen Texten oft durch längere Spannungsplateaus strapaziert, während es in den belletristischen Texten so gut wie keine Informationsblöcke gibt. Das mag damit zusammenhängen, dass in der journalistischen Berichterstattung ein bestimmtes Quantum an Wissen vermittelt werden muss, was impliziert, dass eine gewisse Menge an Fakten im Text untergebracht werden muss, während die fiktionalen Texte nicht dem Diktum der Wissensvermittlung unterliegen und damit freier sind was die Informationsdosierung angeht, auch wenn in ihnen natürlich die für die Geschichte relevanten Informationen ebenfalls vermittelt werden müssen.

Der unterschiedliche Aufbau belletristischer und journalistischer Texte in Hinblick auf die Informationsblöcke, die tendenziell eher zu Spannungsplateaus als zu einem Spannungsanstieg führen, könnte mit der unterschiedlichen Lesererwartung zusammenhängen. Während der Leser fiktionaler Werke vor allem Unterhaltung sucht, ist der Leser nonfiktionaler Werke sowohl auf der Suche nach Unterhaltung als auch nach Informationen, was sich auf der Textebene in den größeren und häufigeren Informationsblöcken widerspiegelt. Vielleicht versuchen Journalisten, bewusst oder unbewusst, diese langen Informationspassagen dadurch zu entschärfen, dass sie sie im Text verteilen und mit der Chronologie spielen (siehe oben).

Obwohl belletristische Werke also nicht darauf angewiesen sind, Wissen zu vermitteln, bedeutet das nicht, dass die Informationsvergabe in diesen Werken keine Rolle spielt. Im Gegenteil: Die richtige Balance zwischen Enthüllen und Verschweigen stellt in nonfiktionalen Texten ein wichtiges Spannungsmittel dar und auch das Spannungsmittel der Balance zwischen Orientierung und Irritation weist einen engen Zusammenhang zur Informationsvergabe auf. Es ist festzustellen, dass ein gewisses Maß an Irritation die Spannung steigert, während die Spannung durch ein Zuviel an Irritation, das zu Lasten der Orientierung geht, eher auf einem Plateau verbleibt.

Während die journalistischen Texte entweder mit einem szenischen Einstieg beginnen oder eine Grundfrage aufwerfen, an der sie sich im Verlauf des Textes abarbeiten, variiert die Eröffnungsszene bei den belletristischen Werken stärker und weist als gemeinsamen Nenner, in enger Anlehnung an die Heldenreise von Campbell, vor allem die Veränderung der gewohnten Welt auf. Während in den kurzen Erzählungen das unerhörte Ereignis die größte Rolle spielt, haben wir es in dem Roman, der Novelle und der Langerzählung mit einer Art Rahmengeschichte zu tun. In Bärfuss' Roman stellt die Etablierung des Erzählers den Rahmen dar, in Zwagermans Novelle bildet ein frühes Kindheitserlebnis den Rahmen und bei Kehlmann der schreibende Drehbuchautor.

Das im Abschnitt zuvor angesprochene Spiel mit dem Erzähler lässt sich natürlich nur in belletristischen Texten als Mittel zur Spannungserzeugung einsetzen, da der Autor respektive Sprecher in den journalistischen Texten deutlich zu Tage tritt. Allerdings lässt sich auch in diesen Texten mit verschiedenen Perspektiven und Sprecherrollen arbeiten, wobei hier immer der Orientierung der Vorrang vor der Irritation einzuräumen ist. Gleiches gilt für das Element des Mystery, das nur in den untersuchten belletristischen Texten anzutreffen war, weil es der Maxime der wahrhaftigen journalistischen Berichterstattung zuwiderlaufen würde.

Sowohl in den journalistischen als auch den belletristischen Texten spielen Widerstände respektive antagonistische Kräfte eine große Rolle und haben in beiden Formaten einen etwa gleich großen Anteil am Spannungsaufbau, was darauf schließen lässt, dass die Texte in beiden Genres bereits in Hinsicht auf mögliche Widerstände und antagonistische Kräfte ausgewählt wurden. In beiden Formaten sind die antagonistischen Kräfte sowohl in der Umwelt und den äußeren Umständen als auch im Inneren der Figuren angesiedelt. Diesbezüglich ließen sich keine Unterschiede feststellen.

Einzig scheinen die Ambivalenzen der Protagonisten in den belletristischen Werken einen größeren Raum einzunehmen als in den journalistischen Texten, was vielleicht dadurch zu erklären ist, dass sich die in den Reportagen Porträtierten keine solch starken Ambivalenzen leisten können wie die Romanfiguren, weil sie mit einer solchen inneren Zerrissenheit wahrscheinlich nicht an dem Punkt wären, der sie für ein Porträt interessant macht. Obsessionen hingegen scheinen in beiden Formaten ähnlich häufig als Stilmittel zur Spannungssteigerung eingesetzt zu werden, was wieder zu dem Schluss führt, dass im Journalismus gezielt Protagonisten ausgesucht werden, die solche aufweisen (z. B. Gurlitt und Jonas).

Interessant ist, dass die in den Reportagen Porträtierten insgesamt eine größere Fallhöhe aufweisen als die Protagonisten der untersuchten belletristischen Texte, in denen die Veränderungen meist subtiler sind. Motive, Ziele und Bedürfnisse hingegen scheinen in den Romanen und Erzählungen deutlicher herausgearbeitet worden zu sein, was sich auf fiktiver Ebene auch leichter bewerkstelligen lässt als auf realer Ebene, auf der dem Journalisten natürlich nur die vorhandenen Motive, Ziele und Bedürfnisse der realen Personen zur Verfügung stehen.

Die Identifikation des Lesers mit den Protagonisten fällt in den belletristischen Werken leichter, was allerdings keine große Überraschung darstellt, da die fiktiven Helden eben genau auf diesen Aspekt hin zugeschnitten werden können, während im Journalismus diesbezüglich weniger Freiheit herrscht, da die Porträtierten angemessen und nicht frei dargestellt werden müssen. Da sich sowohl die Figuren als auch ihre Welt in den belletristischen Texten frei konstruieren lassen, kommt es nicht nur zu einer leichteren Identifikation, sondern auch die Immersion kann besser evoziert werden.

Auch der Subtext spielt in den belletristischen Texten eine größere Rolle als in den journalistischen Werken, was aber ebenfalls damit zusammenhängt, dass die Dialoge in fiktiven Texten gestaltbar sind, während im Journalismus mit vorhandenen Zitaten gearbeitet werden muss. Deswegen lässt sich in der Belletristik wahrscheinlich auch besser mit der Kluft zwischen Handlung und Gesprochenem arbeiten, was maßgeblich Subtext generiert.

Während offene Enden in der Belletristik sehr beliebt sind und im Roman, der Novelle und der Langerzählung sowie in zwei der drei kürzeren Erzählungen auftauchen, sind sie in den journalistischen Texten nicht zu finden. Das mag sich dadurch erklären, dass es im Journalismus schwierig ist, offene Enden zu etablieren, da die Geschichten, über die berichtet wird, meist schon ein Ende gefunden haben und das Zurückhalten wichtiger Informationen am Ende eines nonfiktionalen Textes dem Aufklärungsanspruch des Journalismus zuwiderläuft.

Deswegen können sich belletristische Werke neben offenen Enden auch offene Fragen leisten, solange sie keine losen Erzählstränge bilden, sondern tatsächlich Fragen, die sich nicht beantworten lassen oder die der Autor bewusst offenlässt. Das Diktum, dass ein guter Text über den Zeitraum des Lesens hinaus wirkt, kann dennoch auch auf den Journalismus angewendet und zum Beispiel dadurch eingelöst werden, dass existentielle Fragen aufgeworfen werden und der Leser in die Denkarbeit einbezogen wird (z. B. Faller 2012).

Schlüsselszenen sowie Wendepunkte beziehungsweise Umbrüche sind in fiktionalen wie nonfiktionalen Texten etwa gleich verteilt. Hier lässt sich in der Tat eine Art Drei-Akt-Struktur erkennen, wie Aristoteles sie vorgeschlagen hat. Bei allen untersuchten Texten, unabhängig davon, ob es sich um journalistische oder belletristische Beiträge handelt, findet sich im ersten Drittel das sogenannte *One-Way Gate*, nach dessen Durchschreiten es für den Protagonisten kein Zurück mehr gibt und die Geschichte unweigerlich ihren Lauf nimmt. Ein weiterer größerer Wendepunkt hin zu einer entscheidenden Transformation oder einer größeren Veränderung findet sich dann im zweiten Drittel der Texte.

Einer der größten Spannungskiller ist das Infodumping, insbesondere wenn es dabei zu Redundanzen kommt, wie etwa in Gezers Reportage über den Kunstsammler Gurlitt. Zu große und lange Informationspassagen vermögen die Spannung allenfalls zu halten, nicht aber zu steigern und sowohl Journalisten als auch Autoren müssen gut abwägen, welche Informationen der Leser wirklich braucht und zu welchem Zeitpunkt und auf welche Weise sie gegeben werden. Obwohl Irritationen Neugier auslösen und damit Spannung evozieren, erschweren oder verunmöglichen zu starke Irritationen dem Leser die Identifikation und Immersion und stören dadurch den Lesefluss. Weitere Aspekte, die die Spannung reduzieren, sind passive Protagonisten und schwache Motive, wie etwa in Gezers Reportage, in der der Protagonist Gurlitt sich vor allem als Opfer der Umstände begreift und von der Journalistin auch als solches präsentiert wird.

Natürlich sind die Ergebnisse der Textanalyse und die daraus gezogenen Schlüsse lediglich vorläufig und exemplarisch, da nur eine begrenzte Anzahl von Texten untersucht werden konnte und die Erkenntnisse an einem größeren Textkorpus und intersubjektiv verifiziert werden müssten. Dennoch haben sich bereits bei der Untersuchung der neun Texte Muster herauskristallisiert, die sich für das eigene Schreiben nutzen lassen.

2. Spannung ist konstitutiv

Die theoretische sowie analytische Beschäftigung mit dem Thema der Spannung hat gezeigt, dass diese disziplinübergreifend (Literatur und Journalismus) einen großen Stellenwert einnimmt. Nicht nur Autoren belletristischer Werke sind gut betraten, sich ausführliche Gedanken über den Spannungsaufbau sowie spannungssteigernde Mittel zu machen, sondern ebenso sollten Journalisten ihre Texte in Hinblick auf Spannung konzipieren, was bedeutet, dass sie genau überlegen müssen, wie sie die erforderlichen Informationen so in ihre Texte integrieren, dass die Spannung dadurch nicht abfällt.

Weiterhin hat sich gezeigt, dass Spannung kein Thema ist, das den klassischen Spannungsgenres (Krimi, Thriller) inhärent ist, sondern dass das Element der Spannung vielmehr für jeden Text und seine Gestaltung konstitutiv ist. Dieses Ergebnis steht in Einklang mit Doust (2015: 10), der ebenfalls davon ausgeht, dass jede Geschichte genreunabhängig eine Spannungskurve besitzen sollte.

Die Analysen machen zudem deutlich, dass sowohl Journalisten als auch Autoren von einer detaillierten Analyse fremder Texte profitieren, wenn es um die Gestaltung der eigenen Texte und hier explizit um den Spannungsaufbau geht. Die gewonnenen Erkenntnisse legen nahe, dass sowohl in fiktiven als auch nonfiktionalen Texten schon bei der Textkomposition und natürlich beim Schreiben der Spannungsaufbau berücksichtigt werden muss, was impliziert, dass Journalisten und Autoren sich über die zu verwendenden Spannungsmittel sowie den zeitlichen Aufbau der Geschichte und die Informationsdosierung bereits vor dem Schreiben klar werden sollten.

Das Ausarbeiten einer Mikrostruktur und das Analysieren jeder einzelnen Szene zeigt, dass es hilfreich sein kann, schon bei der Konzeption eines Textes mit einem solchen oder ähnlichen Modell zu arbeiten oder spätestens dann, wenn der Journalist oder Autor merkt, dass sein Text nicht funktioniert respektive die Spannung nicht anhält. Anhand der Mikrostruktur lassen sich Widersprüche und Wendepunkte genau eruieren und es lässt sich feststellen, ob jede Szene in sich ein Ziel, eine Funktion und einen eigenen Spannungsaufbau aufweist.

3. Exkurs Storytelling

Zum Abschluss noch ein Wort zum Storytelling, das im Journalismus und in der PR seit einiger Zeit eine große Renaissance erlebt. Es ist unbestreitbar, dass wir unser Leben und Handeln in Form narrativer Muster denken und begreifen. Dabei ermöglichen uns Erzählungen, Erfahrenes zu strukturieren und uns anzueignen. Mittels Erzählungen organisieren wir aber nicht nur Informationen, sondern konstruieren zugleich Sinn und Bedeutung. MacIntyre (1981) spricht vom *storytelling animal* und Siefer (2015) bezeichnet den Menschen als *homo narrans* und schreibt im Klappentext seines Buches *Der Erzählinstinkt*: „Wir alle organisieren unser Gedächtnis, unsere Ziele und Wünsche, unser gesamtes Leben auf narrative Weise. Erzählend verorten wir uns in Zeit und Raum."

Storytelling wird im Journalismus allerdings eher als Schlagwort denn als präzise definierter Begriff verwendet. Und obwohl Storytelling derzeit sowohl im Journalismus als auch in der Kommunikationsbranche „als Erfolg versprechendes Konzept propagiert wird, das Umsatz- mit Qualitätssteigerung verbindet, [...] ist Storytelling auch im Journalismus nichts Neues, der *Spiegel* etwa oder die Journalisten, die sich bereits in den 1960er Jahren dem ‚New Journalism' verschrieben hatten, ‚verpackten' ihre politische Berichterstattung schon als ‚Geschichten' lange bevor der Begriff ‚Storytelling' zum Schlagwort wurde" (Früh 2014: 63).

Auch Fludernik (2013: 9) macht deutlich, dass Erzählen eine gängige, oft unbewusste Aktivität der mündlichen Sprache darstellt, die sich über mehrere Gebrauchstextsorten, unter anderem den Journalismus, erstreckt. Beim Storytelling scheint es also zunächst darum zu gehen, durch das Erzählen von Geschichten recherchierte Fakten in erklärenden Zusammenhängen zu vermitteln oder, wie Hickethier (1997: 7) es formuliert, das berichtete Geschehen durch die Form der Erzählung zu organisieren.

Aber es geht eben auch darum, Erzählweisen aus der Literatur zu übernehmen, um journalistische Berichte und Reportagen spannender und lebendiger zu gestalten (Klaus 2004: 116). Gerade in Hinblick auf den Spannungsaufbau und die verwendeten Spannungsmittel kann der Journalismus eine Menge von der Belletristik lernen, was durch die gemachten Untersuchungen aufgezeigt wurde. So, wie ebenfalls bestätigt wurde, dass die beiden Disziplinen bereits zahlreiche Ähnlichkeiten und Überschneidungen aufweisen, wenn es um das Thema Spannung geht.

Schlegel, August Wilhelm (1884) *Vorlesungen über schöne Litteratur und Kunst, Teil 2: Geschichte der klassischen Literatur.* Stuttgart: Göschen

Schmid, Jasmin Nicole (2011) *Konfliktmanagement nach Friedrich Glasl. Dargestellt am Film „Der Rosenkrieg".* München: GRIN

Siefer, Werner (2015) *Der Erzählinstinkt. Warum das Gehirn in Geschichten denkt.* München: Hanser

Staiger, Emil (1946) *Grundbegriffe der Poetik.* Zürich: Atlantis

Sternberg, Saul; Monsell, Stephen; Knoll Roland; Wright, Charles (1978) *The Latency and Duration of Rapid Movement Sequences: Comparisons of Speech and Typewriting.* In: Stelmach (Hrsg.) *Information processing in motor control and learning.* Cambridge/Massachusetts: Academic Press, S. 117–152

Suspense (2003) *Collins English Dictionary: Complete and Unabridged,* Glasgow: HarperCollins

Tan, Ed; Diteweg, Gjsbert (1996) *Suspense, Predictive Inference, and Emotion in Film Viewing.* In: Vorderer, Peter; Wulff, Hans J.; Friedrichsen, Mike (Hrsg.) (1996) *Suspense: Conceptualizations, Theoretical Analyses, and Empirical Explorations.* New York: Routledge, S. 149–188

Tobias, Ronald B. (2016) *20 Masterplots. Die Basis des Story-Building in Roman und Film.* Berlin: Autorenhaus Verlag

Truffaut, Francois (2003, franz. Originalausgabe 1966) *Mr. Hitchcock, wie haben Sie das gemacht?* München: Heyne

Vogler, Christoph (1997) *Die Odyssee des Drehbuchschreibers.* Frankfurt am M.: Zweitausendeins

Vorderer, Peter (1994) *Spannung ist, wenn's spannend ist. Zum Stand der (psychologischen) Spannungsforschung.* Rundfunk und Fernsehen. Forum der Medienwissenschaften und Medienpraxis, 42: 323–339

Vorderer, Peter; Knobloch, Sylvia; Schramm, Holger (2001) *Does Entertainment Suffer From Interactivity? The Impact of Watching an Interactive TV Movie on Viewers Experience of Entertainment.* Media Psychology, 3(4): 343–363

Mullet, Etienne; Hermand, Danièle; Muñoz Sastre, Maria Teresa; Nisot, Agnès; Rusineck, Stéphane (1994) *Probability, value and ... suspense*. Journal of Economic Psychology, 15(3): 537–557

Murray, Janet H. (1997) *Hamlet on the Holodeck: The Future of Narrative in Cyberspace*. New York: Free Press

Oatley, Keith (1994) *A taxonomy of the emotions of literary response and a theory of indentification in fictional narrative*. Poetics, 23: 53–74

Ohlander, Stephen (1989) *Dramatic Suspense in Euripides' and Senecas' Medea*. New York: Peter Lang

Ortony, Andrew; Clore, Gerald (1989) *Emotions, Moods, and Conscious Awareness; Comment on Johnson-Laird and Oatley's „The Language of Emotions: An Analysis of a Semantic Field"*. Cognition & Emotion, 3(2): 125–137

Percy, Benjamin (2016) *Thrill me. Essays on fiction*. Minneapolis: Graywolf

Petzold, Dieter (Hrsg.) (1994) *Unterhaltung: Sozial- und literaturwissenschaftliche Beiträge zu ihren Formen und Funktionen*. Erlangen: Universitätsbibliothek

Pfister, Manfred (2001) *Das Drama*. Stuttgart: utb

Poe, Edgar Allan (1842) *The Pit and the Pendulum*. In: The Gift: A Christmas and New Year's Present for 1843. Pennsylvania: Carey & Hart

Propp, Vladimir (1972, Originalausgabe 1928) *Morphologie des Märchens*. München: Hanser

Pütz, Peter (1970) *Die Zeit im Drama. Zur Technik dramatischer Spannung*. Göttingen: Vandenhoeck & Ruprecht

Röntgen, Hans-Peter (2016) *Spannung. Der Unterleib der Literatur*. Norderstedt: BoD

Schärf, Christian (2013) *Spannend schreiben: Krimi, Mord- und Schauergeschichten*. Mannheim: Bibliographisches Institut

Hemingway, Ernst (1952) *Der alte Mann und das Meer*. Hamburg: Rowohlt

Hennequin (1890) *The Art of Playwriting: Being a Practical Treatise on the Elements of Dramatic Construction; Intended for the Playwright, the Student, and the Dramatic Critic*. Cambridge: Riverside Press

Hickethier, Knut (1997) *Das Erzählen der Welt in den Fernsehnachrichten. Überlegungen zu einer Narrationstheorie der Nachrichten*. Rundfunk und Fernsehen, 45(1): 5–18

Highsmith, Patricia (2013, engl. Originalausgabe 1966) *Suspense oder Wie man einen Thriller schreibt*. Zürich: Diogenes

Junkerjürgen, Ralf (2002) *Spannung – Narrative Verfahrensweisen der Leseraktivierung. Eine Studie am Beispiel der Reiseromane von Jules Verne*. Frankfurt am Main: Peter Lang GmbH

Kassler, Max A. (1996) *Factors of Suspense in Narratives and Films*. Memphis: University

Klaus, Elisabeth (2004) *Jenseits der Grenzen*. In: Bleicher, Joan Kristin; Pörksen, Bernhard (Hrsg.) (2004) *Grenzgänger. Formen des New Journalism*. Wiesbaden: Springer VS, S.100–125

Korrodi, Elisabeth (1939) *Zeit und Bewegung im französischen Abenteuerroman des 20. Jahrhunderts*. Dissertation. Zürich: A.-G. Gebr. Leemann

Kreitler, Hans; Kreitler, Shulamith (1980) *Die Psychologie der Kunst*. Stuttgart: Kohlhammer

Kuhn, Kevin (2012) *Hikikomori*. Berlin: Berlin Verlag

MacIntyre, Alasdair C. (1981) *After Virtue*. Indiana: University of Notre Dame Press

Mikos, Lothar (1996) *The Experience of Suspense: Between Fear and Pleasure*. In: Vorderer, Peter; Wulff, Hans J.; Friedrichsen, Mike (Hrsg.) (1996) *Suspense. Conceptualizations, Theoretical Analyses, and Empiricial Explorations*. New York: Routledge, S. 37–49

Monti-Pouagare, Stalo (1986) *The achievement of suspense in a group of oedipus plays*. Pennsylvania: University

Dolle-Weinkauff, Bernd (1994) *Inszenierung – Intensivierung – Suspense: Strukturen des „Spannenden" in Literatur und Comic.* In: Petzold, Dieter (Hrsg.) (1994) *Unterhaltung: Sozial- und literaturwissenschaftliche Beiträge zu ihren Formen und Funktionen.* Erlangen: Universitätsbibliothek, S. 115–138

Doust, Richard (2015) *A domain-independent model of suspense in narrative.* Doktorarbeit. Milton Keynes: The Open University

Duckworth, George Eckel (1966, Originalausgabe 1933) *Foreshadowing and Suspense in the Epics of Homer, Apollonius, and Vergil.* Princeton (repr. New York: Haskell House Publishers)

Duden online URL: *https://www.duden.de/rechtschreibung/Gretchenfrage*, abgerufen am 6.10.2018

Dutton, Donald; Aron, Art (1974) *Some Evidence for Heightened Sexual Attraction under Conditions of High Anxiety.* Journal of Personality and Social Psychology, 30: 510–517

Fludernik, Monika (2013) *Erzähltheorie. Eine Einführung.* 4. Aufl. Darmstadt: WBG

Freytag, Gustav (1863) *Die Technik des Dramas.* Leipzig: Hirzel

Früh, Werner (2014) *Narration und Storytelling.* In: Früh, Werner; Frey, Felix (Hrsg.) (2014) *Narration und Storytelling. Theorie und empirische Befunde.* Köln: Halem, S. 63–119

Früh, Werner; Frey, Felix (Hrsg.) (2014) *Narration und Storytelling. Theorie und empirische Befunde.* Köln: Halem

Gerrig, Richard J.; Bernardo, Allan B.I. (1994) *Readers as problem-solvers in the experience of suspense.* Poetics, 22(6): 459–472

Glasl, Friedrich (1999) *Konfliktmanagement. Ein Handbuch für Führungskräfte, Beraterinnen und Berater.* Bern: Haubt

Goethe, von Johann Wolfgang (1971, Originalausgabe 1808) *Faust: Eine Tragödie.* Stuttgart: Reclam

Groebel, Franz-Josef (1981) *Fernsehen und Angst.* Dissertation. Aachen: Technische Universität

Hardy, Thomas (1873) *A Pair of Blue Eyes.* Oxford: Tinsley

Sekundärliteratur

Alwitt, Linda (2002) *Maintaining attention to a narrative event.* Advances in Psychology Research, 18: 99–114

Anz, Thomas (2002) *Literatur und Lust. Glück und Unglück beim Lesen.* München: dtv

Aristoteles (1982) *Poetik.* Griechisch/Deutsch. Stuttgart: Reclam

Baxter, Charles (2007) *The Art of Subtext: Beyond Plot.* Minneapolis: Graywolf

Beinhart, Larry (2015, engl. Originalausgabe 1996) *Crime. Kriminalromane und Thriller schreiben.* Berlin: Autorenhaus Verlag

Bleicher, Joan Kristin; Pörksen, Bernhard (Hrsg.) (2004) *Grenzgänger. Formen des New Journalism.* Wiesbaden: Springer VS

Brewer, William F.; Lichtenstein, Edward H. (1982) *Stories Are to Entertain: A Structural-Affect Theory of Stories.* Illinois: University of Illinois at Urbana-Champaign

Campbell, Joseph (2011, engl. Originalausgabe 1949) *Der Heros in tausend Gestalten.* Frankfurt am Main: Insel

Carroll, Noel (1996) *The Paradox of Suspense.* In: Vorderer, Peter; Wulff, Hans J.; Friedrichsen, Mike (Hrsg.) (1996) *Suspense. Conceptualizations, Theoretical Analyses, and Empirical Explorations.* New York: Routledge, S. 71–91

Csíkszentmihályi, Mihály (2007) *Das flow-Erlebnis. Jenseits von Angst und Langeweile im Tun aufgehen.* Stuttgart: Klett-Cotta

de Wied, Minet (1991) *The Role of Time Structures in the Experience of Film Suspense and Duration. A Study on the Effects of Anticipation Time Upon Suspense and Temporal Variations on Duration Experience and Suspense.* Amsterdam: Akademisch Proefschrift

Dibell, Ansen (1988) *Plot. Elements of Fiction Writing.* Cincinnati: Writer's Digest Books

XI. Literatur

Primärliteratur

Bärfuss, Lukas (2017) *Hagard*. Göttingen: Wallstein

Carle, Eric (2007) *Die kleine Raupe Nimmersatt*. Pappbilderbuch: Das besondere Spielbuch. Hildesheim: Gerstenberg

Faller, Heike (2012) *Der Getriebene*. ZEIT, URL: http://www.zeit.de/2012/44/Sexualitaet-Paedophilie-Therapie, veröffentlicht am 25.10.2012, abgerufen am 03.04.2018

Gavalda, Anna (2002) *Ich wünsche mir, dass irgendwo jemand auf mich wartet*. München: Hanser

Gezer, Öslem (2013) *Die Liebe seines Lebens*. Spiegel, URL: http://www.spiegel.de/spiegel/print/d-121741554.html, veröffentlicht am 18.11.2013, abgerufen am 03.04.2018

Hermann, Judith (1998) *Sommerhaus, später*. Frankfurt am Main: Fischer

Kehlmann, Daniel (2016) *Du hättest gehen sollen*. Reinbek: Rowohlt

Stamm, Peter (2008) *Wir fliegen*. Frankfurt am Main: Fischer

Willeke, Stefan (2011) *Der letzte Saurier*. ZEIT, URL: http://www.zeit.de/2011/29/DOS-grossmann, veröffentlicht am 14.07.2011, abgerufen am 03.04.2018

Zwagerman, Joost (2006) *Duell*. Bonn: Weidle